Dr. Jörg B. Theilacker
Dr. Ulrich Wiesinger

Der kleine IQ Trainer

CORMORAN

Inhalt

IQ-Wissen ist lernbar 6

Der große IQ-Test 9

200 Aufgabenstellungen 10
Tests zur optischen Intelligenz
(Test 1–107) 10
Tests zur praktischen Intelligenz
(Test 108–123) 55
Tests zur sprachlichen Intelligenz
(Test 124–164) 68
Tests zur rechnerischen Intelligenz
(Test 165–200) 82
Ihr Ergebnis im IQ-Test 94

So verbessern Sie Ihren IQ-Wert 98

Das Lernen lernen 98
Gehirnjogging zur Leistungssteigerung 100
Positive Lebenseinstellung 101
Stress vermeiden 101
Gedächtnis und Konzentration 102
Richtige Ernährung 103

Formen von Intelligenz 104

Gezieltes Training einzelner Bereiche 104
Rechnerische Intelligenz 104
Schulen Sie Ihre rechnerische Intelligenz 106
Sprachliche Intelligenz 113
Aktivieren Sie Ihre sprachliche Intelligenz 115
Optische Intelligenz 122
Üben Sie Ihre optische Intelligenz 123
Praktische Intelligenz 132
Erweitern Sie Ihre praktische Intelligenz 133
Andere Arten der Intelligenz 139

Der Intelligenzquotient 143

IQ ist nicht gleich Intelligenz 143
Wie man den IQ misst 145
Was die IQ-Werte besagen 148
»90« ist nicht gleich dumm 150
Verschiedene Typen des IQ-Tests 152
Die große IQ-Tabelle 158

Impressum 159

IQ-Wissen ist lernbar

Günther Jauch machte es uns allen vor – und jetzt sind Wissens- und Fragespiele auf allen TV-Sendern wieder in Mode. Es gilt als erstrebenswert, den höchsten Berg Afrikas zu kennen oder im Kopfrechnen mithalten zu können. Quiz-Shows werden von Millionen von Zuschauern angesehen, denn da kann man zu Hause mitraten – ohne sich zu blamieren.

IQ – Maßstab für Erfolg?

Neben den regelmäßigen Shows »Wer wird Millionär« oder der SKL-Show »Millionär gesucht« gab es am 8. September 2001 den »Großen IQ-Test«. Vier Stunden lang lösten 300 Kandidaten im Saal, die Teilnehmer im Internet und einige Millionen Zuschauer zu Hause über 80 Fragen. Am Ende konnte jeder seinen ganz individuellen IQ-Wert ausrechnen.

Klischees und ihr wahrer Kern

Die Sprache bringt es an den Tag: Man spricht vom »zerstreuten Professor« und von »Bauernschläue«. Die Begabungen sind in ganz unterschiedlichen Bereichen. Ein Professor gilt zwar als Inbegriff der Intelligenz, aber seine praktische Intelligenz ist manchmal recht bescheiden. Dagegen beweist der »dumme Bauer« häufig viel Schlauheit. Alle seriösen IQ-Tests berücksichtigen dies. Es werden ganz verschiedene Aspekte getestet:

Intelligenz hat unterschiedliche Formen

- Rechnerische Intelligenz
- Sprachliche Intelligenz
- Optische Intelligenz
- Praktische Intelligenz

IQ-Tests und ihre Grenzen

IQ-Tests sind inzwischen zu einem festen Bestandteil der Bereiche »Arbeit« und »Unterhaltung« geworden. Zahlreiche Fernsehshows lassen Kandidaten gegeneinander antreten, aber auch Arbeitgeber und Institutionen lassen Bewerber erst einmal einen IQ-Test durchlaufen Für solche IQ-Tests braucht es zwar Intelligenz, aber mit etwas Übung kann jeder seine Testergebnisse entscheidend verbessern. Ein nicht so hoher IQ-Wert sagt relativ wenig über die wahre Intelligenz des Probanden aus, vielmehr zeigt dieser Wert, dass die Person nur wenig Erfahrung mit solchen Tests besitzt.

Partielle Schwächen stehen nicht für Dummheit

Übung macht den Meister

Wie in so vielen Bereichen gilt das Sprichwort »Übung macht den Meister«. Und genau dieses Ziel können Sie mit diesem Ratgeber erreichen: Trainieren Sie Ihre Fähigkeit, IQ-Tests zu lösen. Wie bei Kreuzworträtseln werden Sie schon beim dritten oder vierten Test deutlich besser geworden sein. Der Grund ist einfach: Sie kennen inzwischen die »Muster«, nach denen solche Tests aufgebaut sind. Ob Sie dabei intelligenter geworden sind, sei dahingestellt. Sie erreichen auf jeden Fall höhere Testwerte.

Hoher IQ-Wert steht nicht für Erfolg

Auch wenn die IQ- und Rate-Shows manchmal einen glänzenden Gewinner, meistens jedoch sympathische Verlierer zeigen – ein hoher IQ-Wert ist mitnichten mit »Erfolg« gleichzusetzen. Der Umkehrschluss zeigt es ganz klar: Nicht alle erfolgreichen Menschen haben einen hohen IQ. Selbstbewusstes Misstrauen gegen eine zu hohe Bewertung von IQ-Test ist deshalb angebracht.

Tests sollen Klarheit bringen

Der IQ ist wie die Schule: Trotz aller Mängel, die die Reduzierung einer Leistung auf eine Schulnote mit sich bringt, sind die Noten bis heute nirgends gänzlich abgeschafft. Denn ein kleines bisschen Wahrheit steckt immer in diesen Zensuren. Wer nur schlechte Noten oder nur schlechte IQ-Werte erhält, bei dem handelt es sich höchstwahrscheinlich nicht um den neuen »Einstein«.

Wie Sie Ihren IQ-Wert erhöhen

Stellen Sie sich vor: Sie kennen die anstehende Mathe-Schulaufgabe schon und können sie schon am Tag zuvor einmal »zur Probe« rechnen. Dann werden Sie sicherlich bis zum

Prüfungstag nicht wesentlich besser in Mathematik werden, aber Ihr Prüfungsergebnis wird besser ausfallen. Der Grund: Sie haben die Aufgabe schon einmal geübt.

Nach genau diesem Muster können Sie auch Ihre IQ-Testwerte erhöhen: Üben Sie. Wenn Sie mehrere Beispiele davon kennen und beherrschen, wird Ihnen auch die soundsovielte Variante nicht mehr allzu viele Schwierigkeiten machen.

Trainieren Sie Ihren »Gehirnmuskel«

Betrachten Sie Ihr Gehirn wie einen »Muskel«. Jeder Sportler trainiert besonders diejenigen Muskeln, die er für seinen Sport braucht. Das ist von Sport zu Sport verschieden. Ein Golfspieler trainiert und übt deutlich anders als beispielsweise ein Langstreckenläufer.

Die Denkstruktur hinter IQ-Tests erkennen

Das ist auch bei IQ-Tests nicht anders. Lernen Sie die Muster, dann haben Sie schon die »halbe Miete«. Um solche Strickmuster erkennen zu können, müssen Sie allerdings die Tests auch machen. Und genau hierbei hilft Ihnen dieses Buch: Sie finden hier einen großen und repräsentativen IQ-Test mit 200 Einzeltests. Machen Sie diesen Test – am besten mehrfach. Üben Sie die verschiedenen Typen von Fragen und machen Sie sich mit den Mustern vertraut. Es ist absolut erlaubt, bei den Lösungen nachzusehen, wenn Sie selbst keine Lösung finden. Bei der dritten, vierten Frage dieses Typs finden Sie dann die Lösung »wie von selbst«.

Ihr persönlicher IQ-Trainer

Training macht den Meister

Im Fitness-Studio gibt es Trainer, die die richtigen Übungen für Sie zusammenstellen und den Fortgang überwachen. Begreifen Sie dieses kleine Buch als Ihren persönlichen IQ-Trainer, den Sie überall mitnehmen können.

Wir wünschen Ihnen viel Spaß und natürlich auch Erfolg!

Dr. Jörg B. Theilacker
Dr. Ulrich Wiesinger

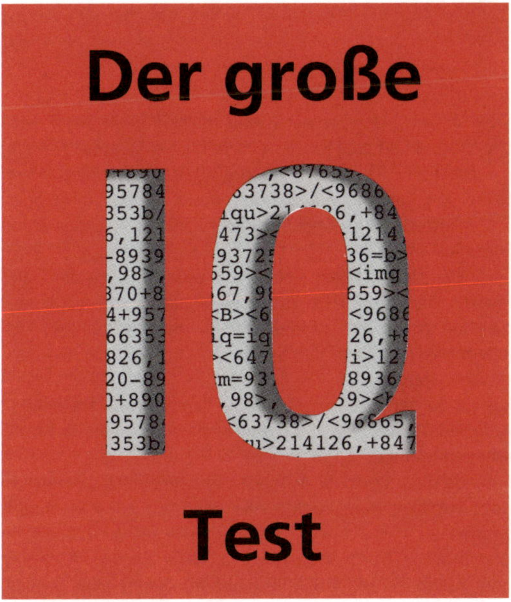

In diesem Kapitel finden Sie genau 200 Testaufgaben zur Ermittlung Ihres IQ, unterteilt in die vier wichtigsten Bereiche für Intelligenztests:

- Optische Intelligenz Seite 10–55
- Praktische Intelligenz Seite 55–67
- Sprachliche Intelligenz Seite 68–81
- Rechnerische Intelligenz Seite 82–94

Zum besseren Verständnis sind vielen Testaufgaben entsprechende Beispiele vorangestellt.

200 Aufgabenstellungen

Viele Aspekte der menschlichen Intelligenz entziehen sich der Möglichkeit exakter wissenschaftlicher Erfassung. Auch die praktische Durchführung des IQ-Tests unterliegt einer Reihe von Rahmenbedingungen wie z. B. Tagesform oder Stress, die das Abschneiden des einzelnen Prüflings stark beeinflussen.

Sie sollten daher diesen Test nicht in erster Linie machen, um Ihre Intelligenz mit dem Durchschnitt der Bevölkerung vergleichen zu wollen, sondern für Ihr eigenes Training. Mit jedem Intelligenztest, den Sie durchführen, werden Sie besser abschneiden.

Für einige der Tests benötigen Sie Papier und Schreibzeug. Außerdem sollten Sie völlig ruhig und ungestört an den Tests arbeiten können.

Für jede richtig gelöste Aufgabe bekommen Sie dann einen oder auch mehrere Punkte, die dann am Ende summiert werden.

Und nun viel Vergnügen beim Knobeln, Rätseln, Rechnen und Kombinieren. Denn obwohl Intelligenz eine ernste Sache ist, kann (und soll) ein IQ-Test natürlich auch Spaß machen.

Tests zur optischen Intelligenz

Figurenrätsel (Test 1–50)

Bei diesen ersten 50 Aufgaben fehlt jeweils das untere rechte Quadrat. Sie sollen es ergänzen, indem Sie aus den angebotenen Möglichkeiten diejenige auswählen, die die Logik der Aufgabe fortsetzt.

Nachdem Sie alle Aufgaben gelöst und separat notiert haben, tragen Sie die Buchstaben der von Ihnen gefundenen Antworten in die Tabelle auf Seite 51 ein.

Alle 50 Aufgaben funktionieren nach demselben Prinzip. Jede der drei Reihen einer Aufgabe verändert sich nach einer bestimmten Regel.

Beispiele machen es klar

Schauen Sie sich zuerst das nachfolgende Beispiel genau an, und beginnen Sie den Test erst dann, wenn Sie es genau verstanden haben.

Beispiel

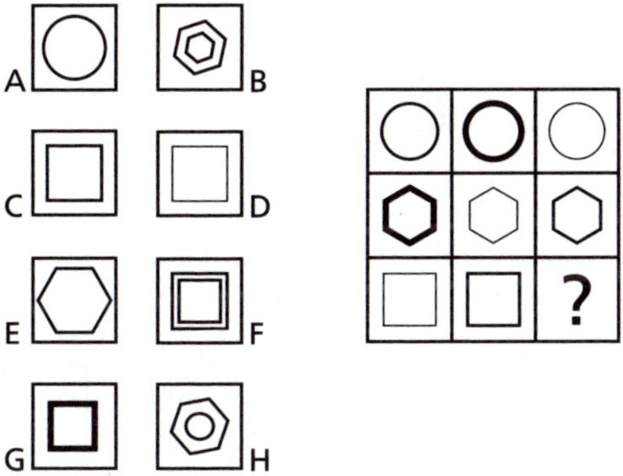

Bei dieser Beispielaufgabe hat die erste Reihe Kreise, die zweite Reihe Sechsecke und die dritte Reihe Quadrate. Jede Strichstärke (mager, halbfett, fett) ist jeweils einmal vertreten.

Die Lösung ist also in diesem Fall eigentlich einfach: Das fehlende Teil kann nur das Quadrat G sein, denn hier sind zwei Kriterien erfüllt: Es handelt sich um ein Quadrat mit fetter Strichstärke.

Und nun zu Ihren Tests.

Test 1

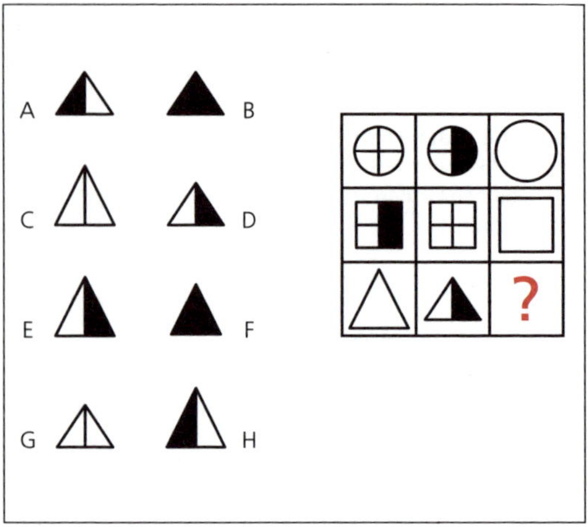

Test 2

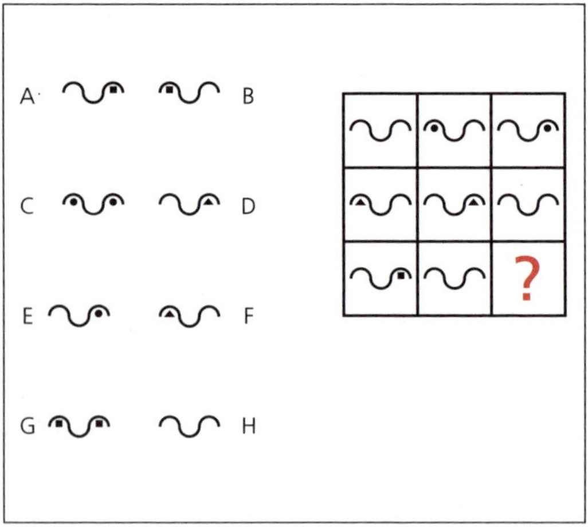

Test 3

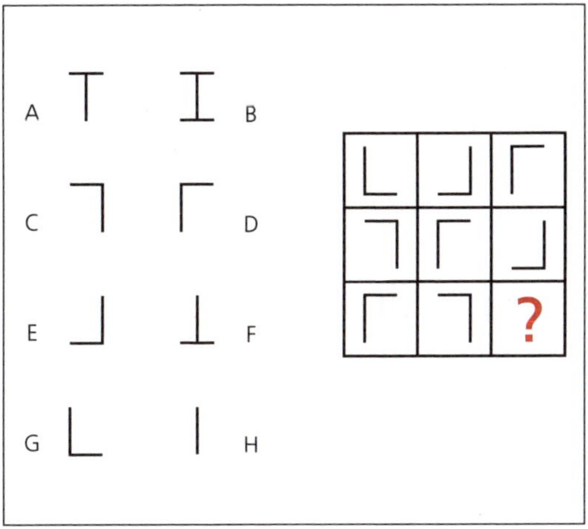

Test 4

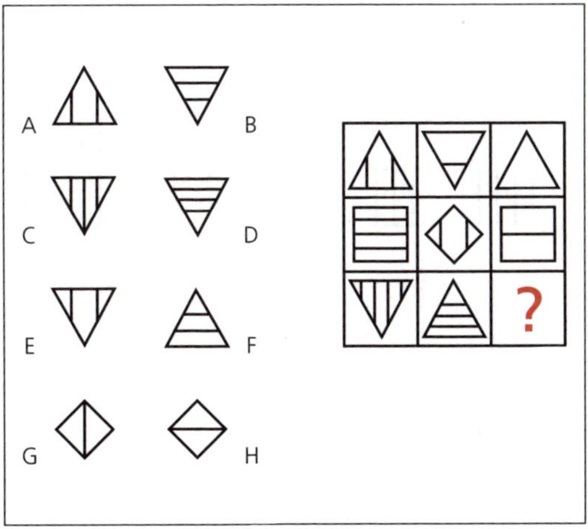

Test 5

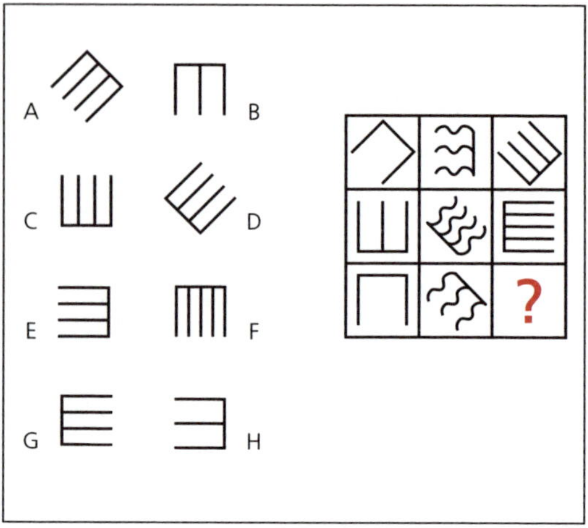

Test 6

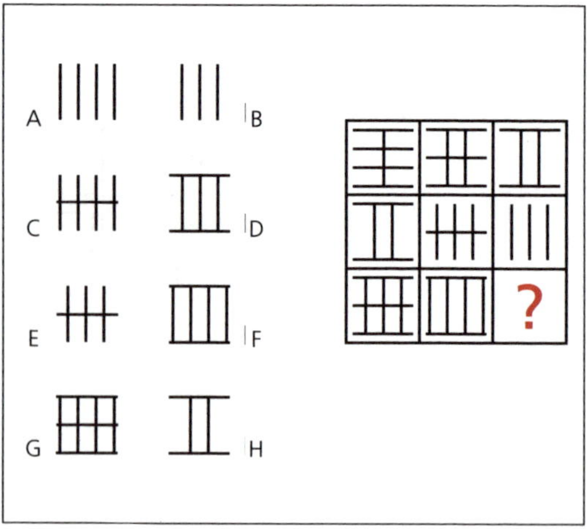

Test 7

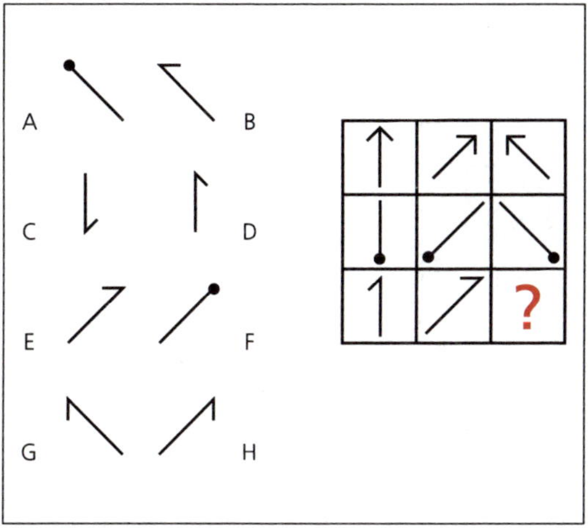

Test 8

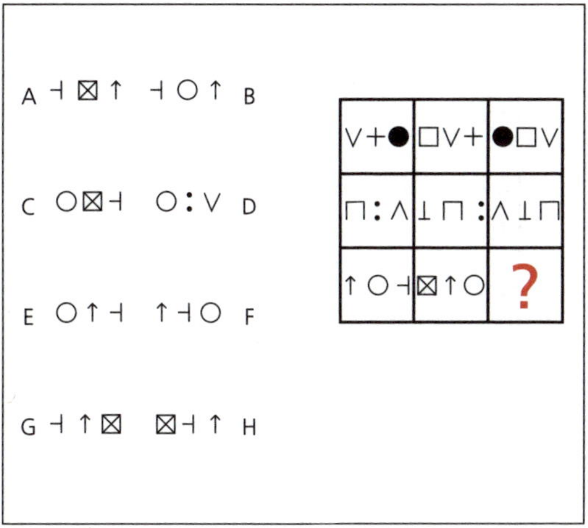

Test 9

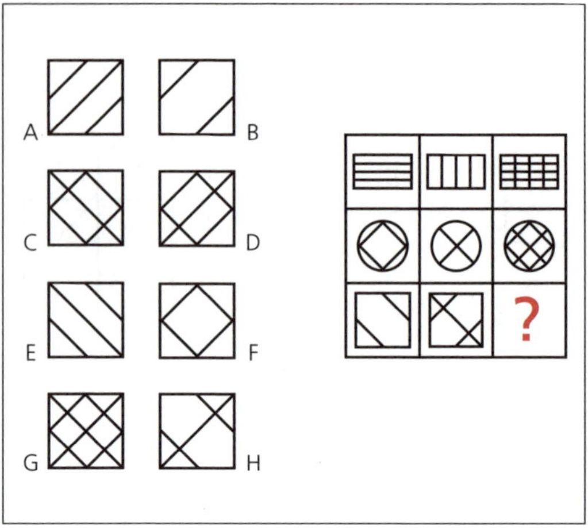

Test 10

Test 11

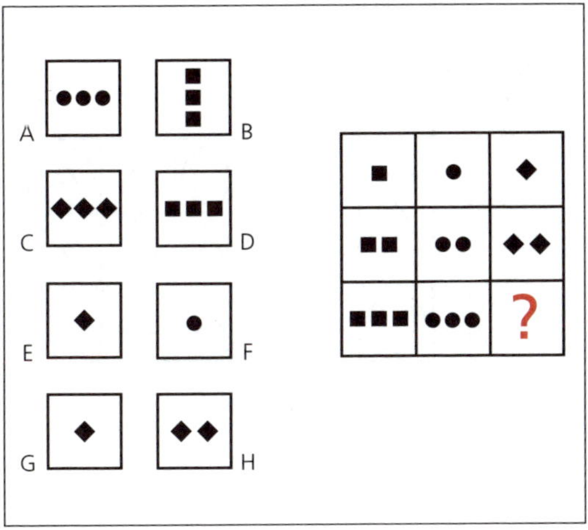

Test 12

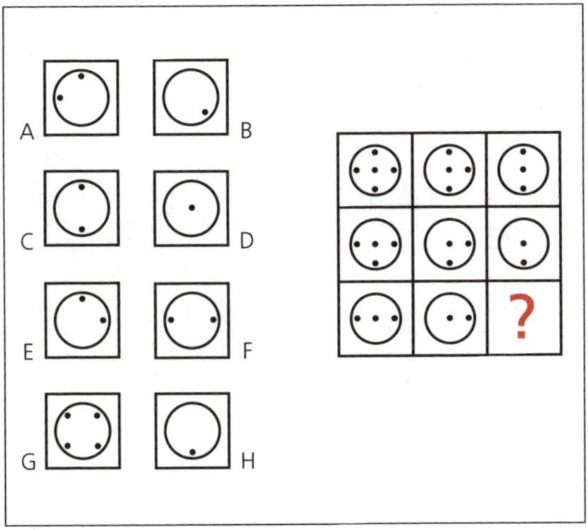

Test 13

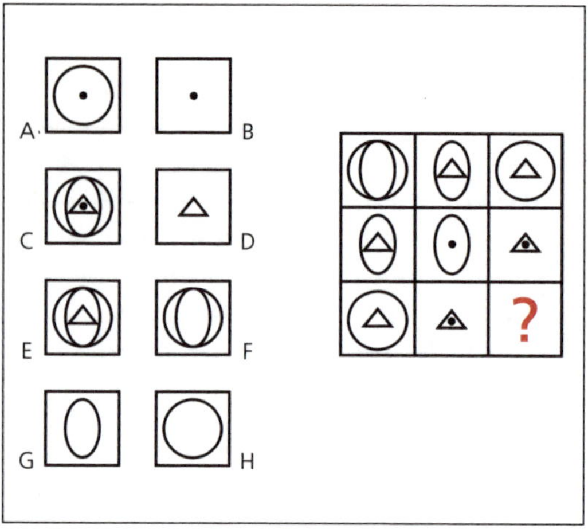

Test 14

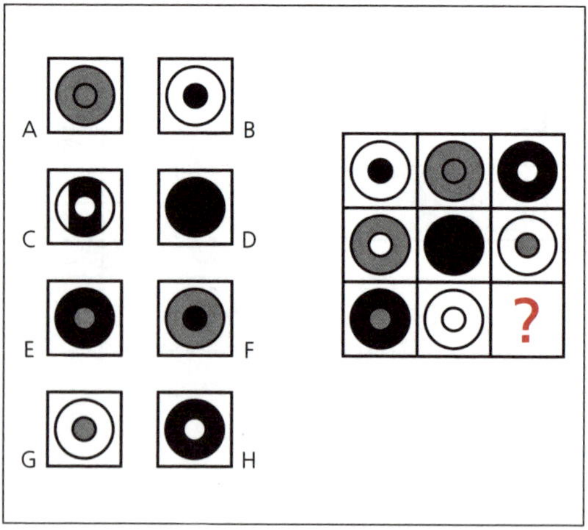

Test 15

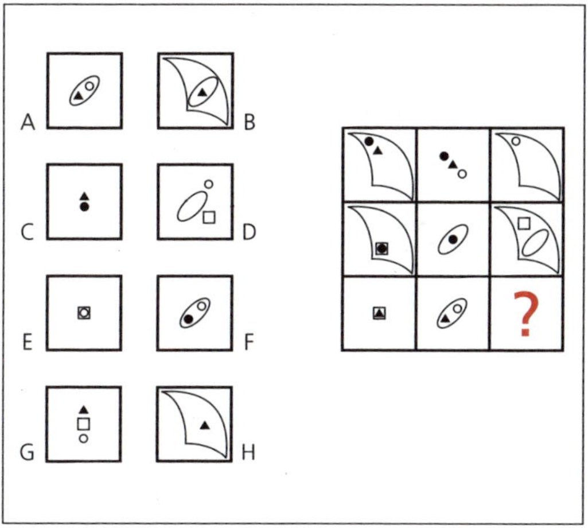

Test 16

Test 17

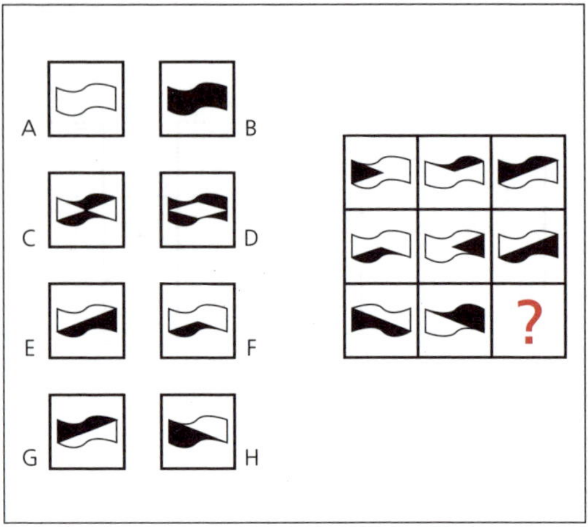

Test 18

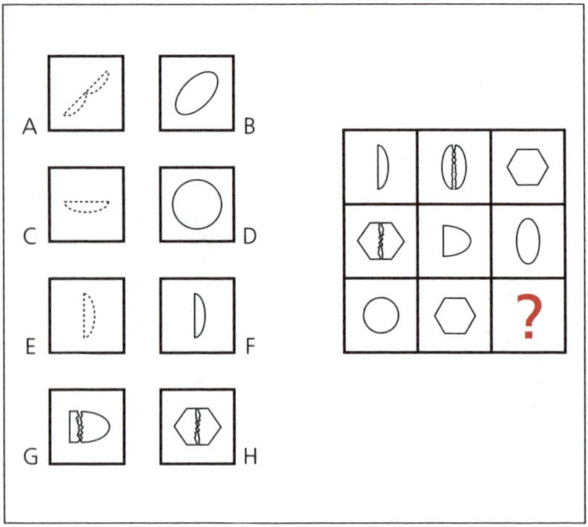

Test 19

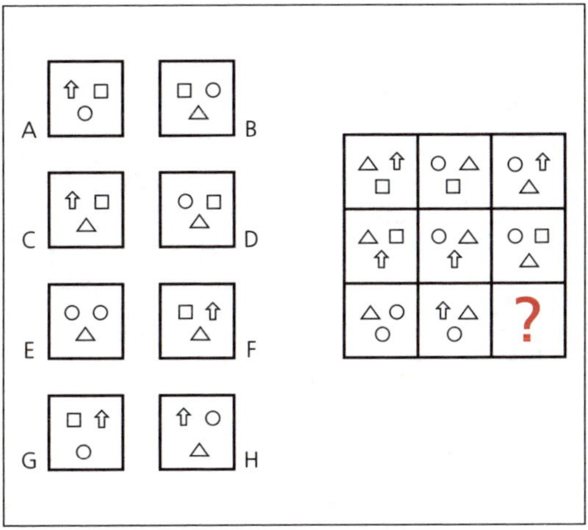

Test 20

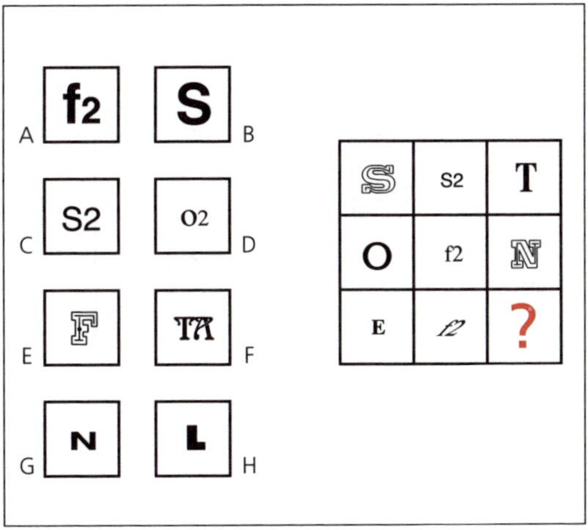

Test 21

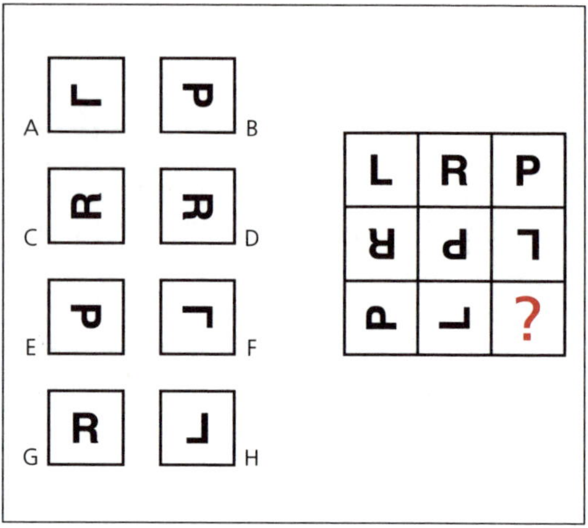

Test 22

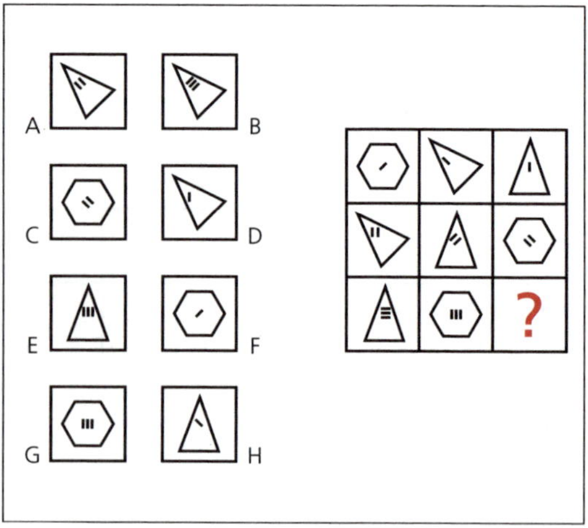

Test 23

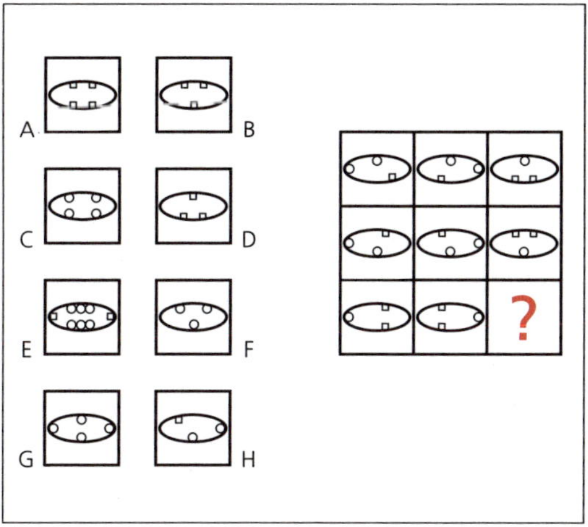

Test 24

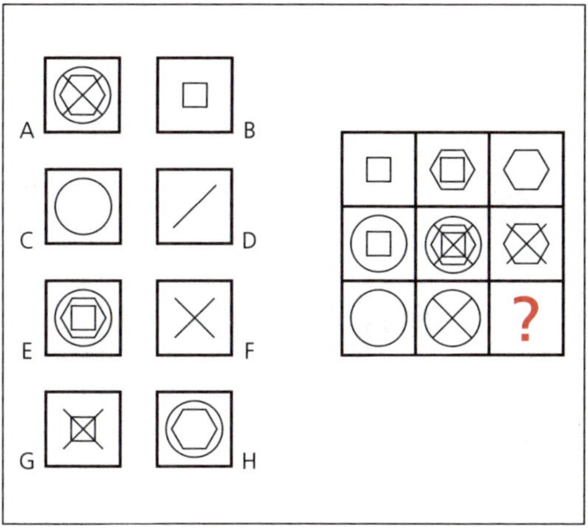

Test 25

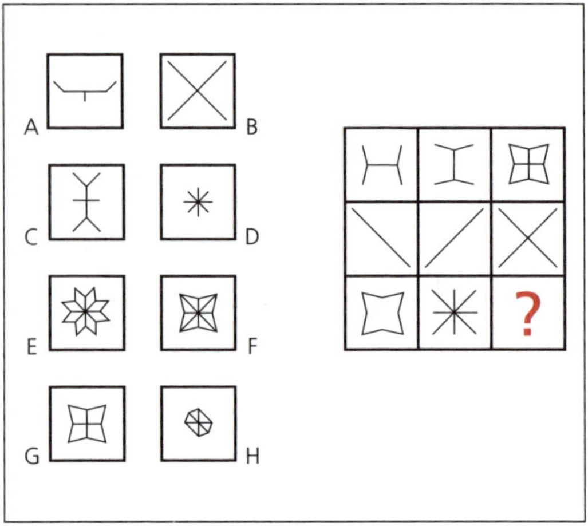

Test 26

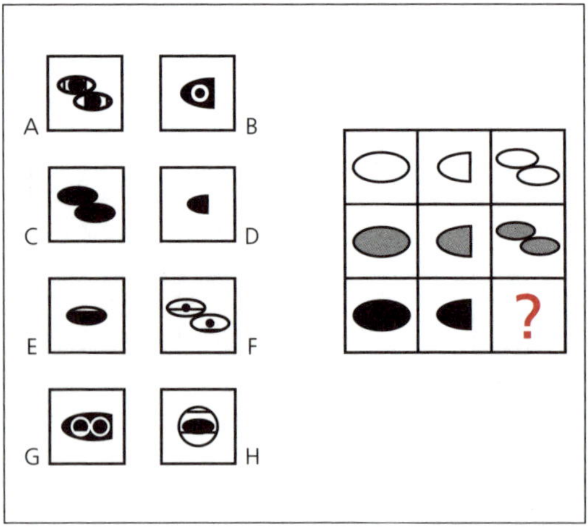

Test 27

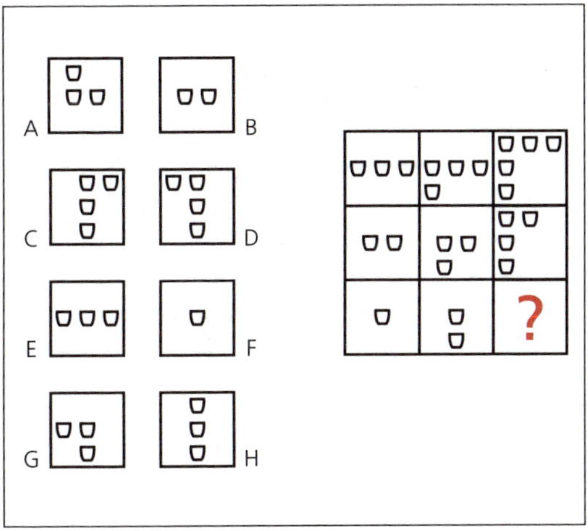

Test 28

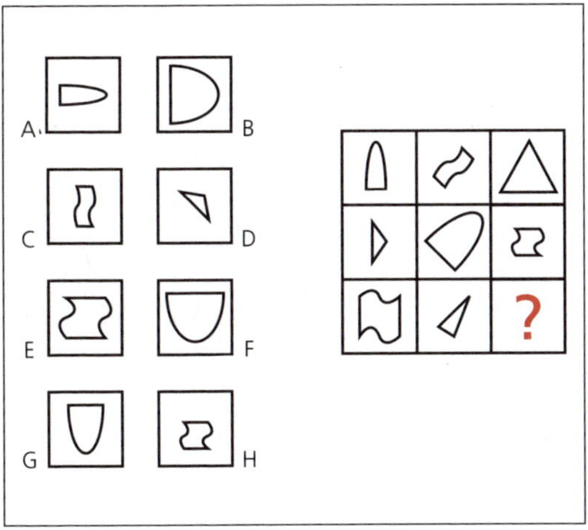

Test 29

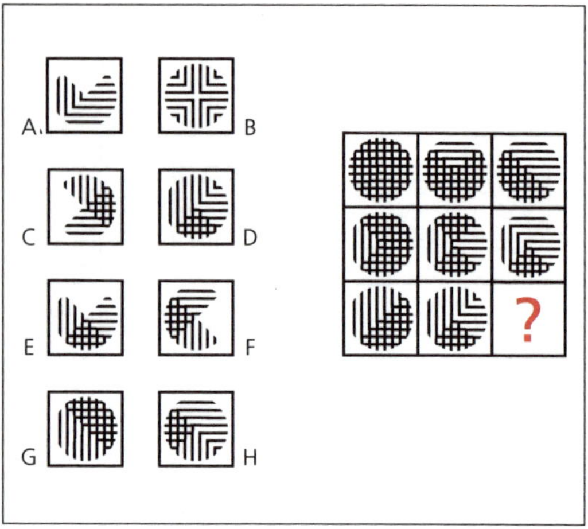

Test 30

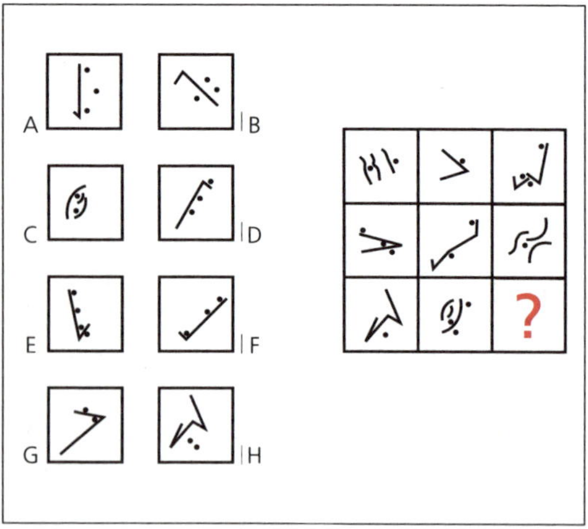

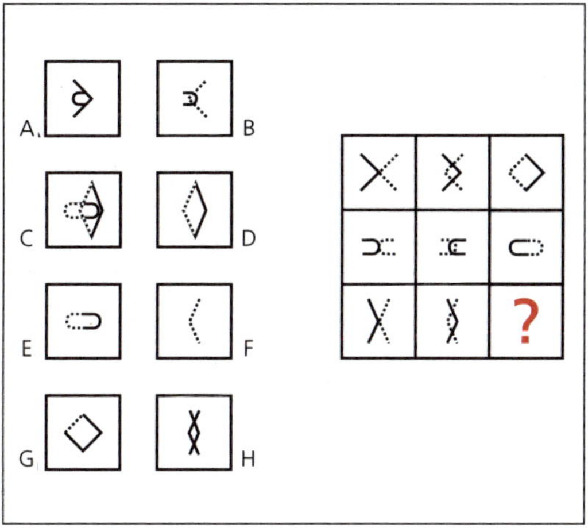

Test 31

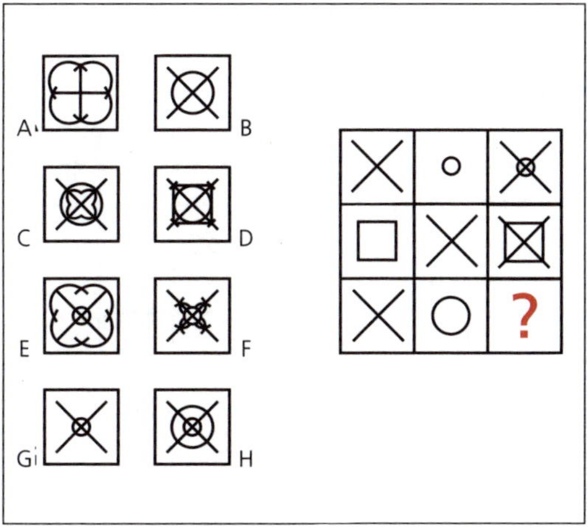

Test 32

Test 33

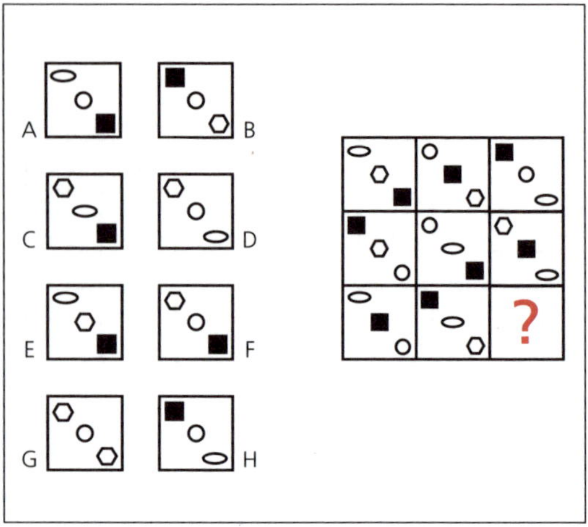

Test 34

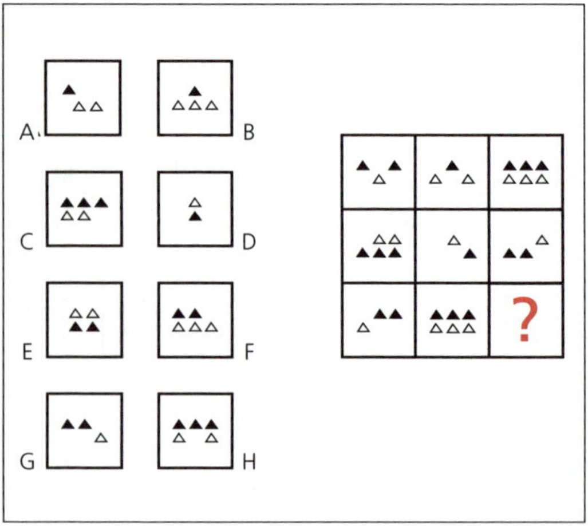

Test 35

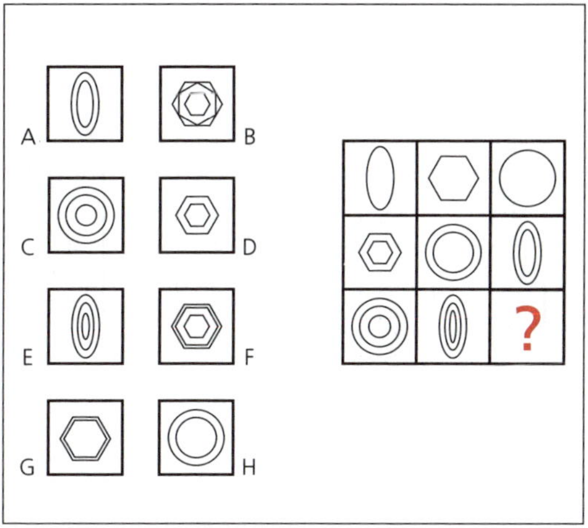

Test 36

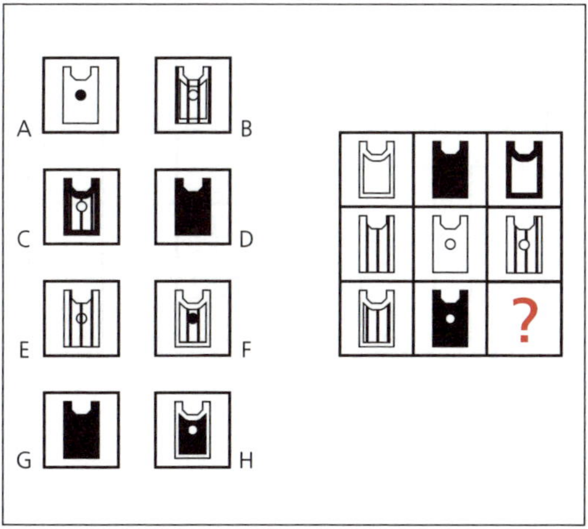

Test 37

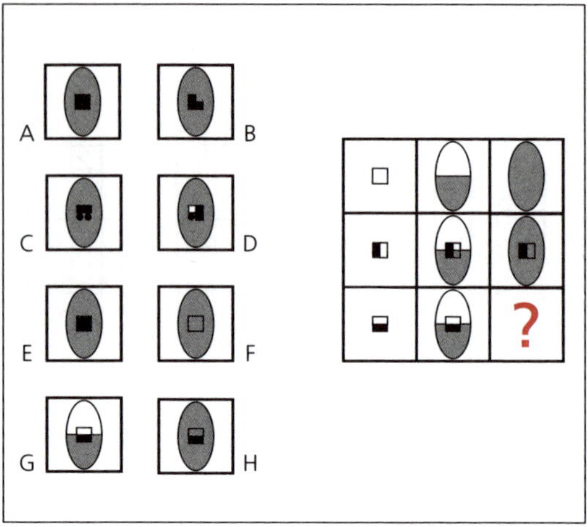

Test 38

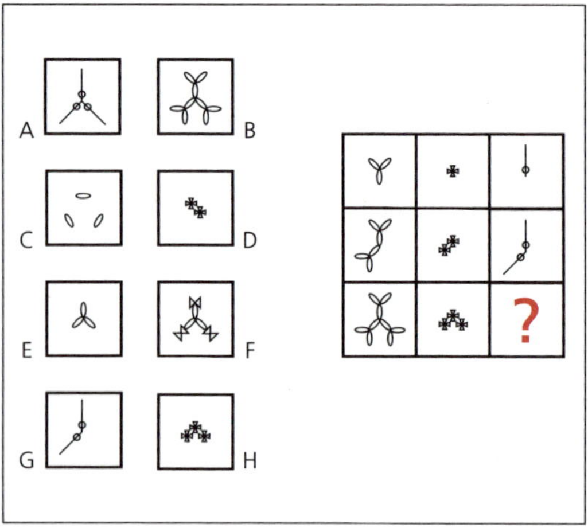

Test 39

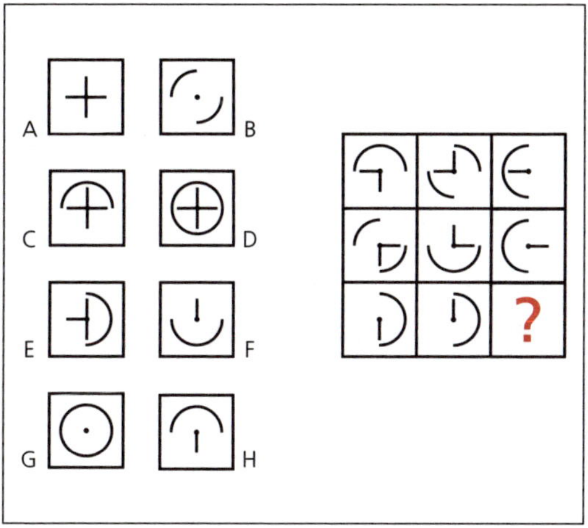

Test 40

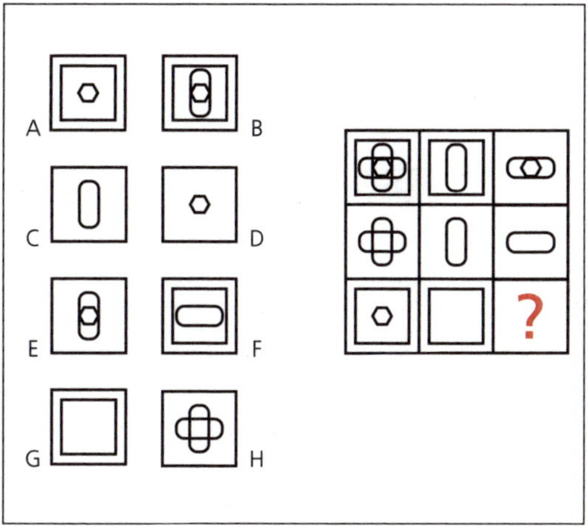

Test 41

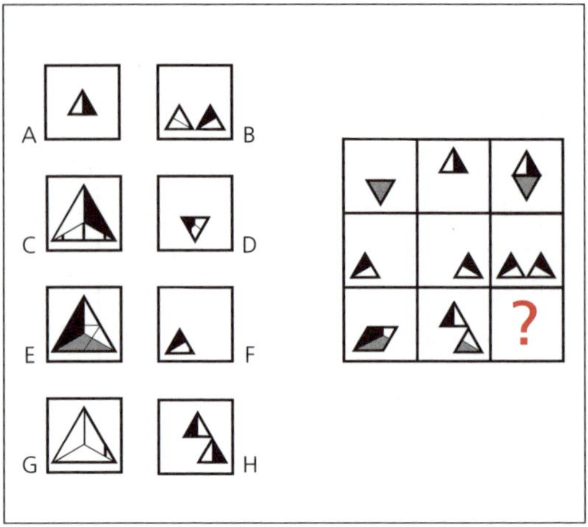

Test 42

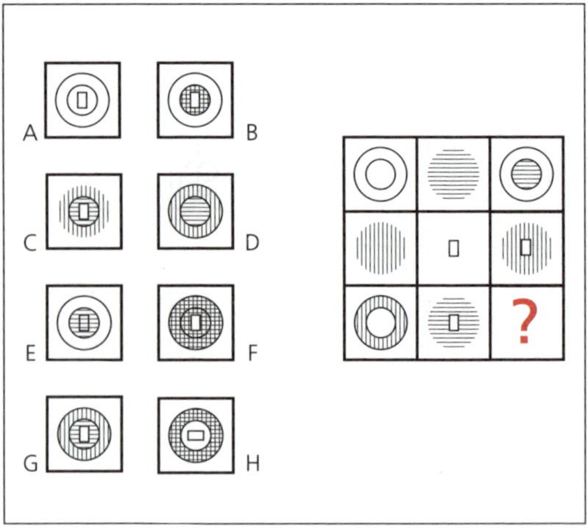

Test 43

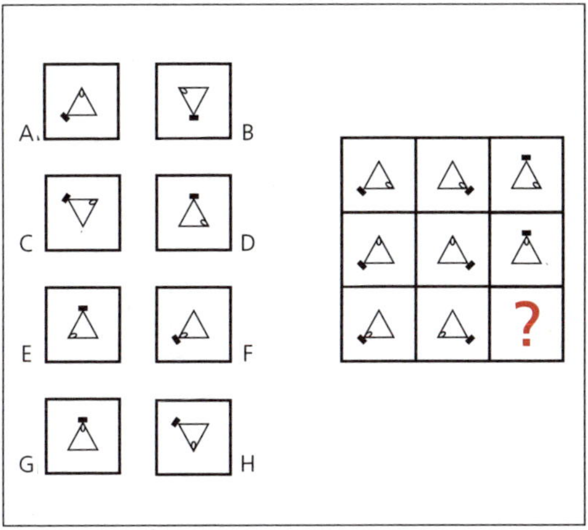

Test 44

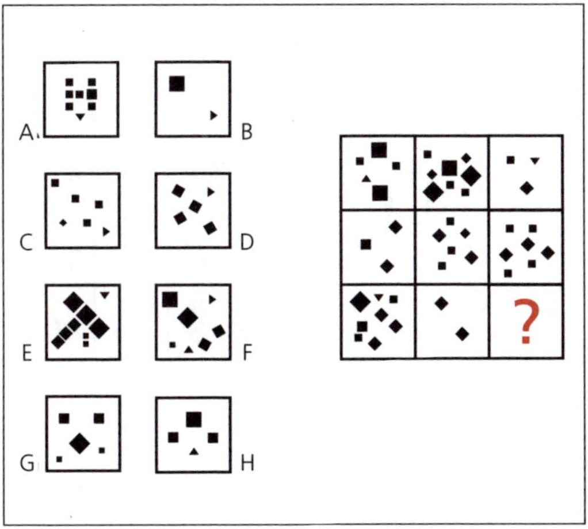

Test 45

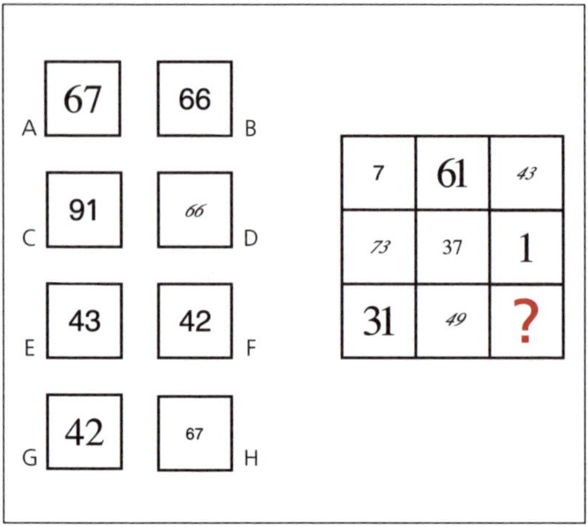

Test 46

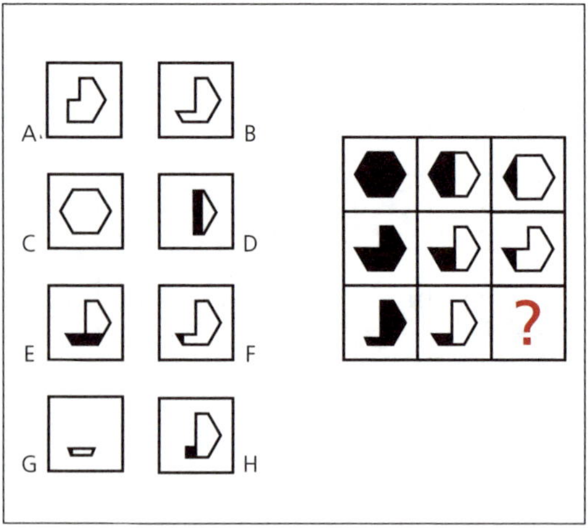

Test 47

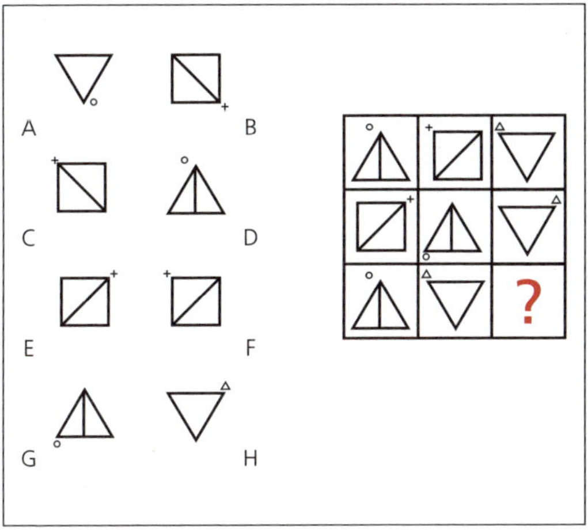

Test 48

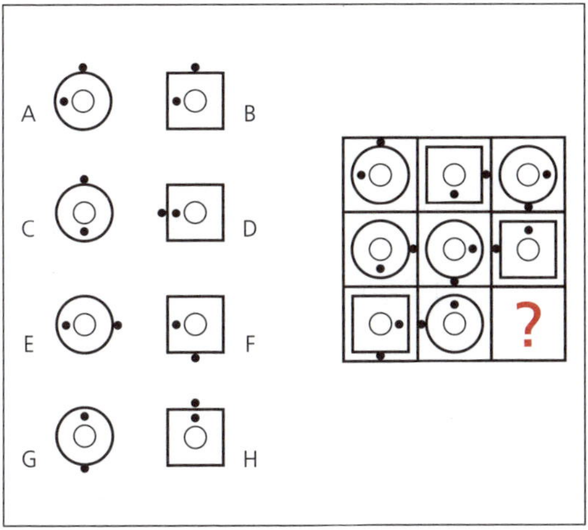

Test 49

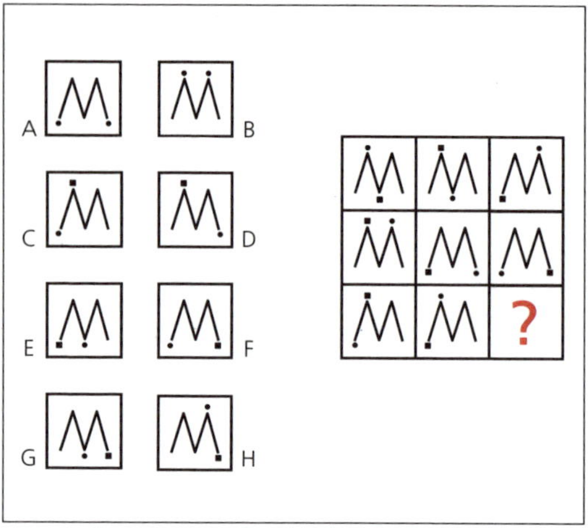

Test 50

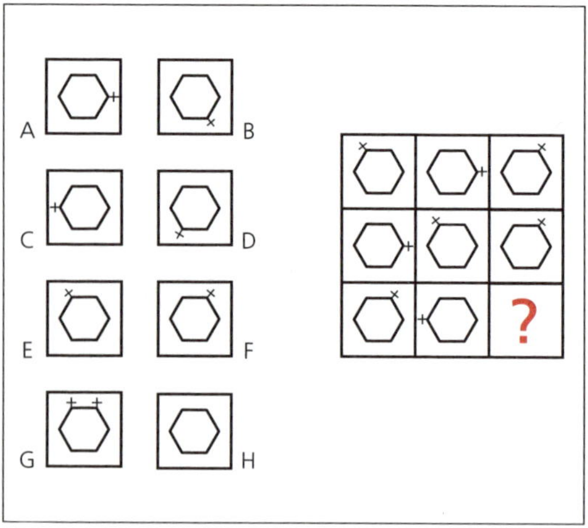

Tests zum Erfassen optischer Muster (Tests 51–82)

Bei den nun folgenden 32 Aufgaben sollen Sie möglichst rasch optische Muster erfassen. In jeder Zeile sehen Sie drei Gesichter. Auf den ersten Blick erscheinen sie ähnlich, ja fast gleich. Jedoch unterscheidet sich immer ein Gesicht von dem anderen. Ein Element, wie Mund oder Brille etc., ist bei einem Gesicht verändert. Tragen Sie den Kennbuchstaben des veränderten Gesichtes in die Tabelle auf Seite 53 ein. Vorab erhalten Sie wieder ein Beispiel:

Beispiel

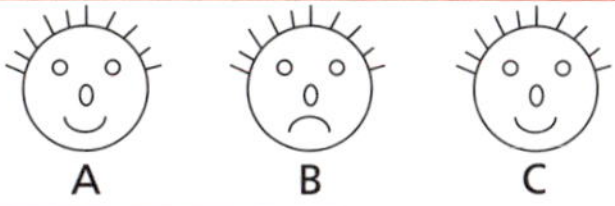

Sicherlich haben Sie es gleich gesehen: Das Gesicht mit dem Kennbuchstaben B unterscheidet sich durch seinen verdrießlichen Mund. In diesem Falle würden Sie also den Buchstaben B in die Lösungsliste eintragen.

Test 51

Test 52

Test 53

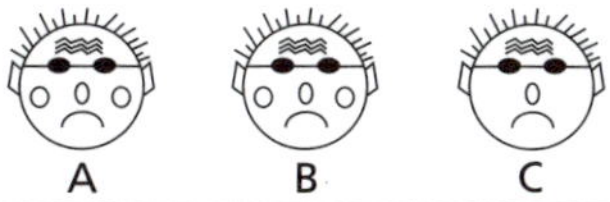

Test 54

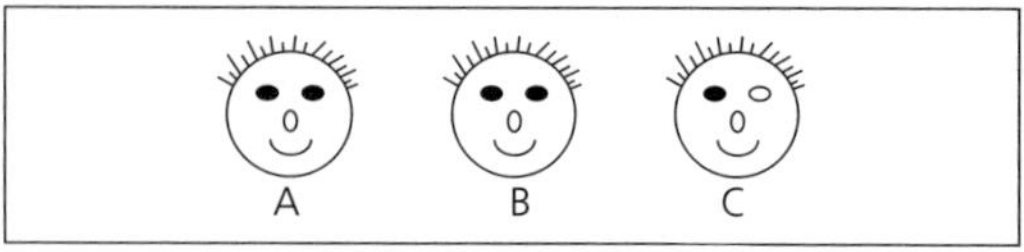

Test 55

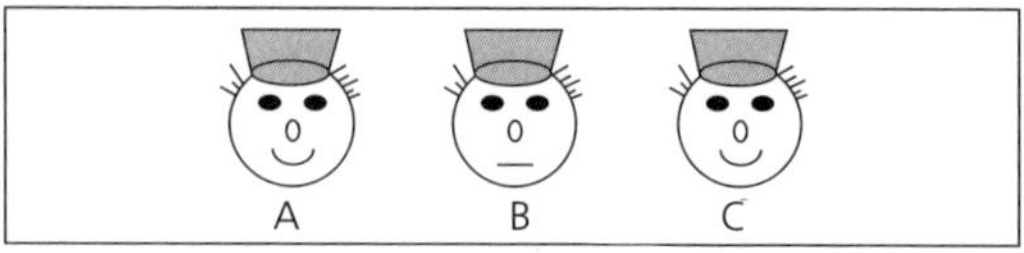

Test 56

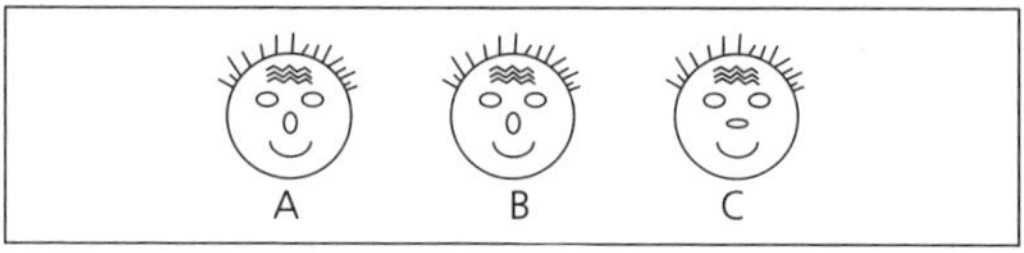

Test 57

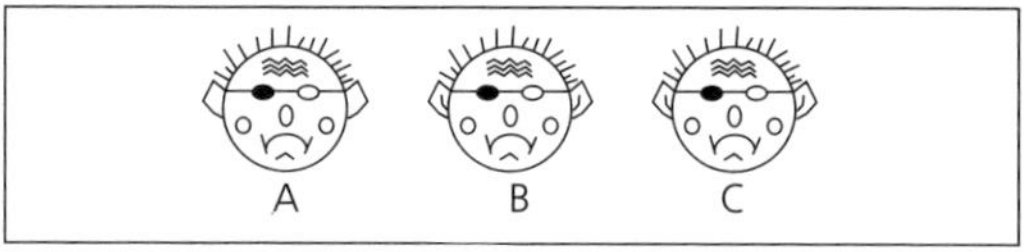

Test 58

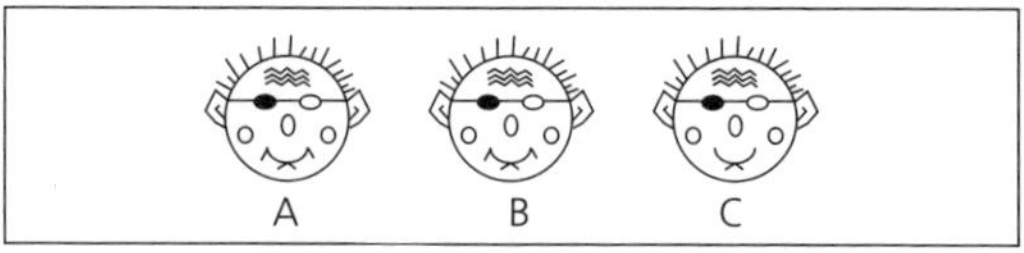

Test 59

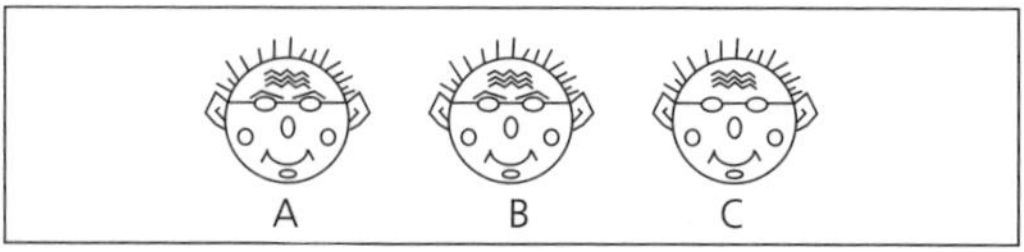

Test 60

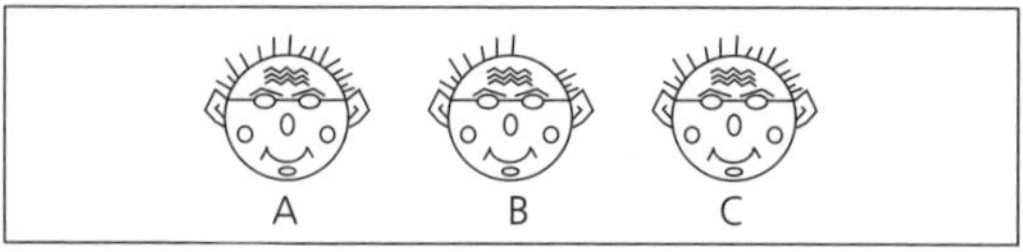

Test 61

A B C

Test 62

A B C

Test 63

A B C

Test 64

A B C

Test 65

A B C

Test 66

A B C

Test 67

A B C

Test 68

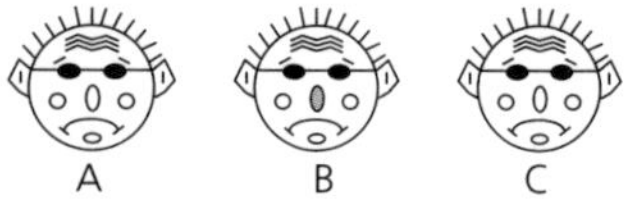

Test 69

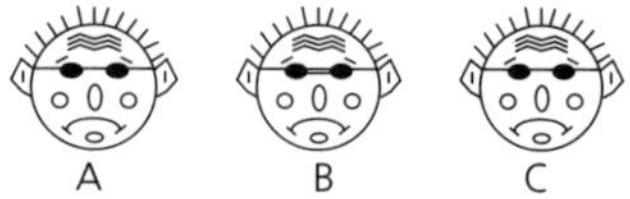

Test 70

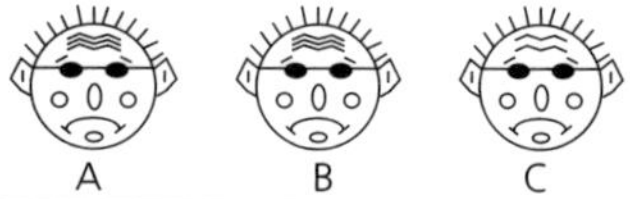

Test 71

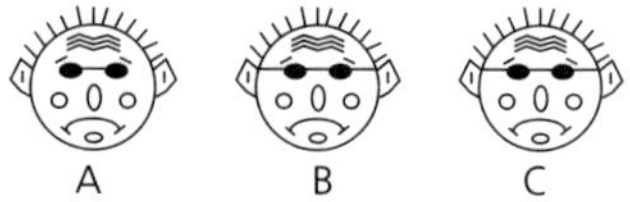

Test 72

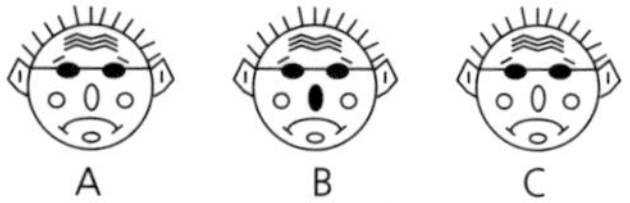

Test 73

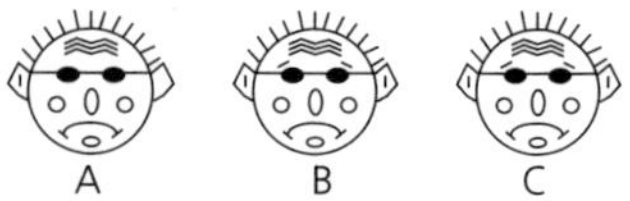

Test 74

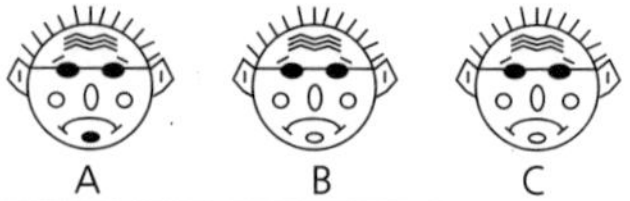

Test 75

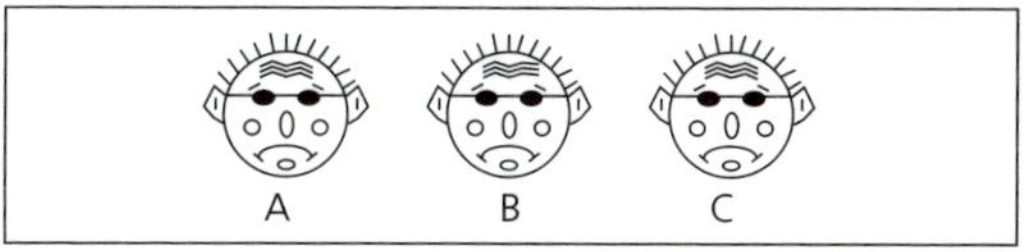

Test 76

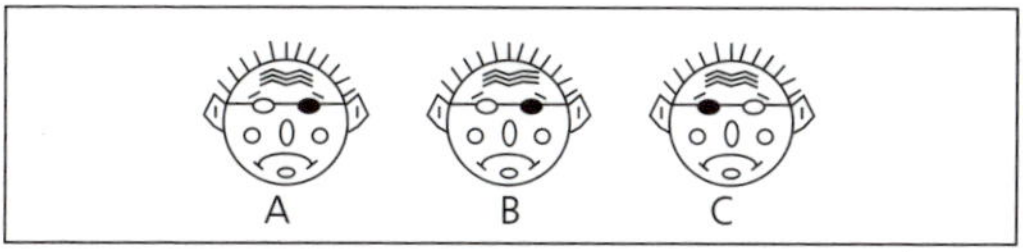

Test 77

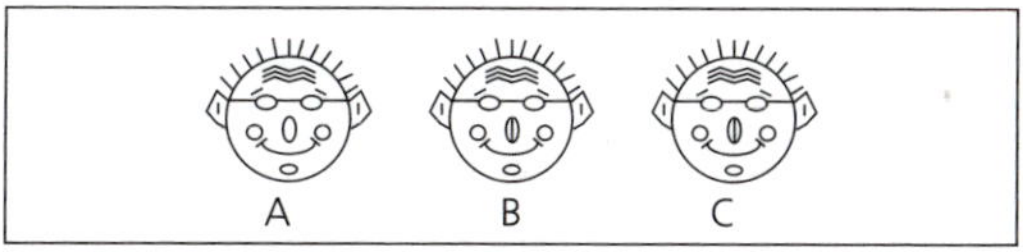

Test 78

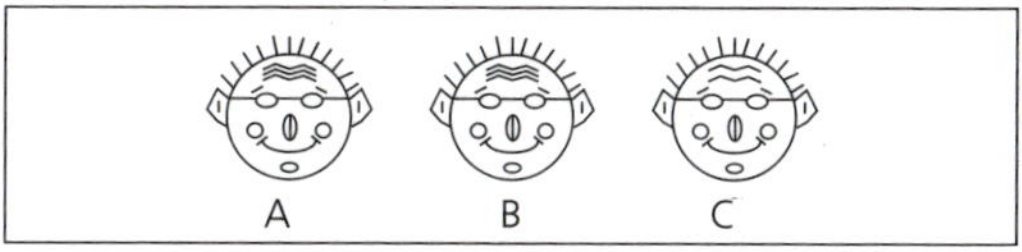

Test 79

Test 80

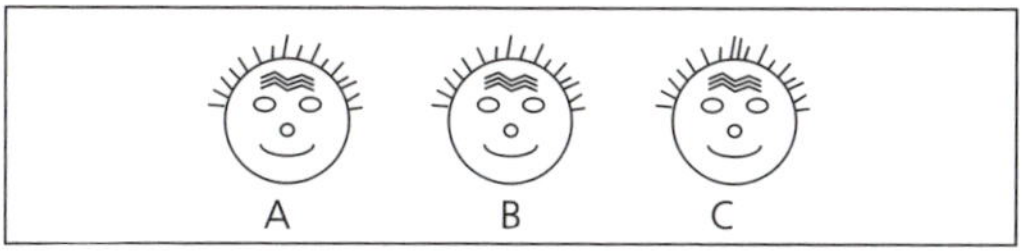

Test 81

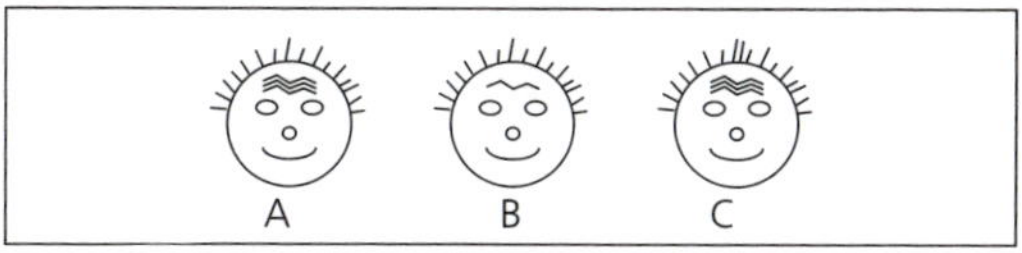

Test 82

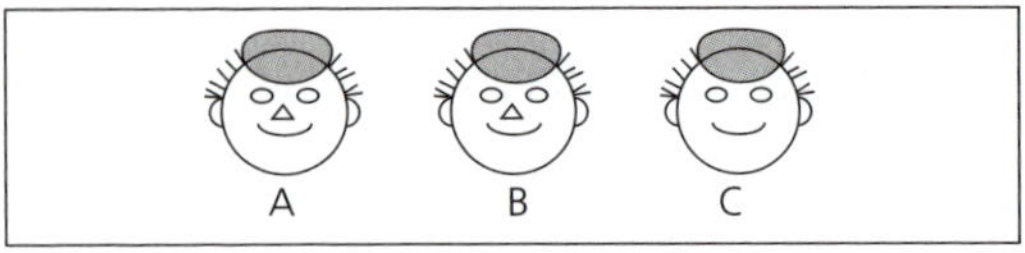

Die magischen Ringe (Test 83)

Betrachten Sie folgende Abbildung: Sie sollen die Schnittpunkte der Ringe so definieren, dass jeder Ring mit beiden anderen verbunden ist. Zeichnen Sie die Übergänge bzw. Schnittpunkte entsprechend ein!

Test 83

Die Lösung finden Sie auf Seite 53.

Finden Sie den Fremdkörper (Tests 84–98)

Ihr Vorstellungsvermögen ist gefragt

Wie beim Figurenrätsel sollen Sie auch in dieser Aufgabe den Fremdkörper finden, der nicht zu den anderen passt. In den folgenden Tests ist ein und dieselbe Figur gedreht dargestellt, aber sonst identisch. Alle Figuren könnten durch Drehung zur Deckung gebracht werden, bis auf den Fremdkörper. Tragen Sie den Kennbuchstaben der gefundenen Figur in der Tabelle auf Seite 54 ein. Vorab wieder ein Beispiel:

Beispiel

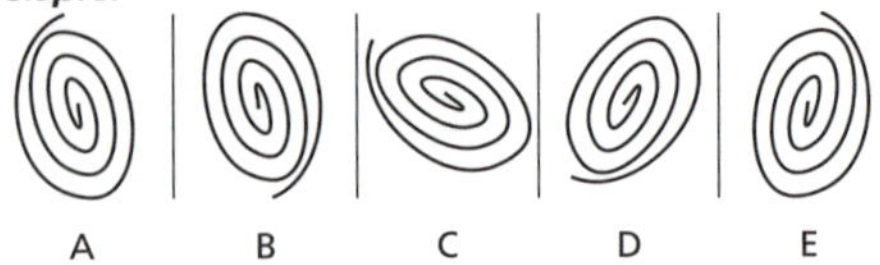

In diesem Fall ist der Fremdkörper die Figur E. Hier verläuft die Spirale entgegengesetzt. Dieses Mal kommt es also nicht auf das rasche Erfassen optischer Details an, sondern auf Ihr Vorstellungsvermögen.

Test 84

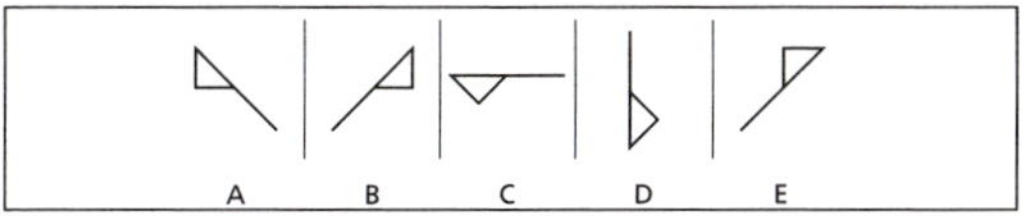

Test 85

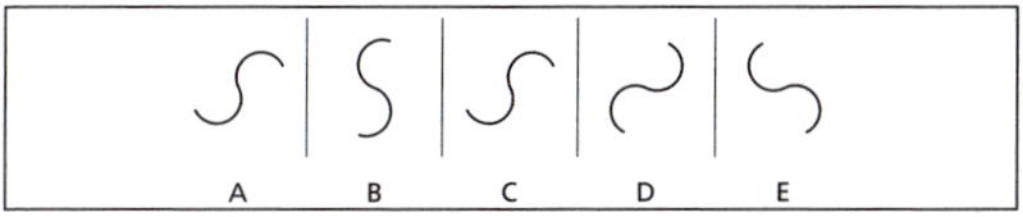

Test 86

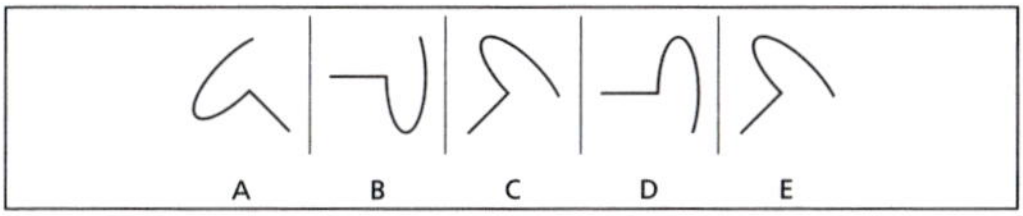

Test 87

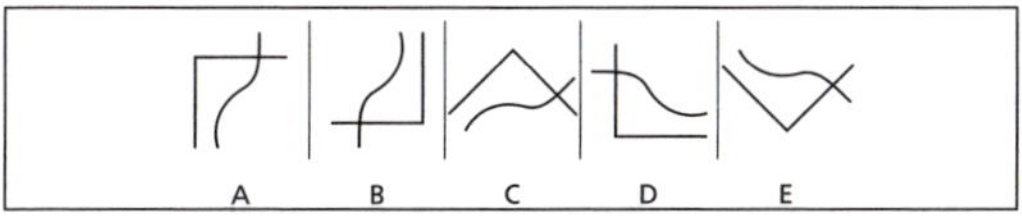

Test 88

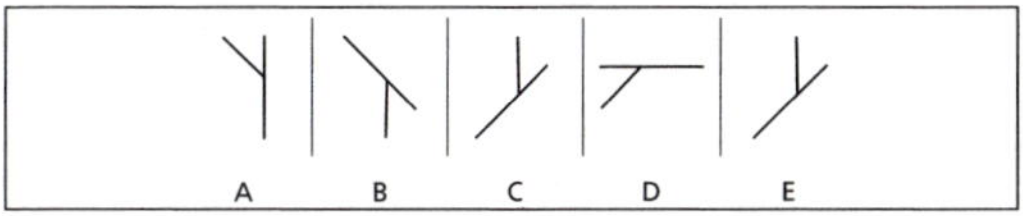

Test 89

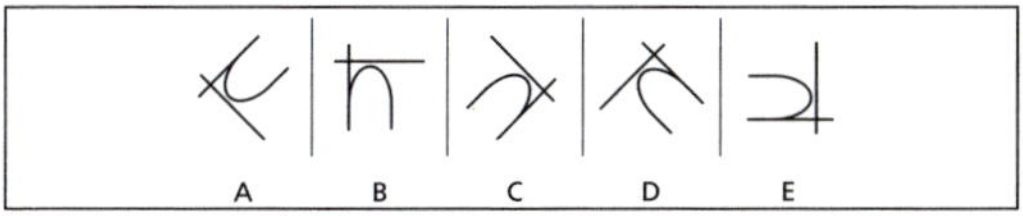

Test 90

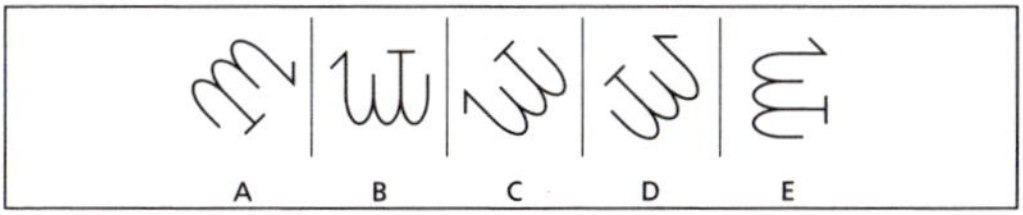

Test 91

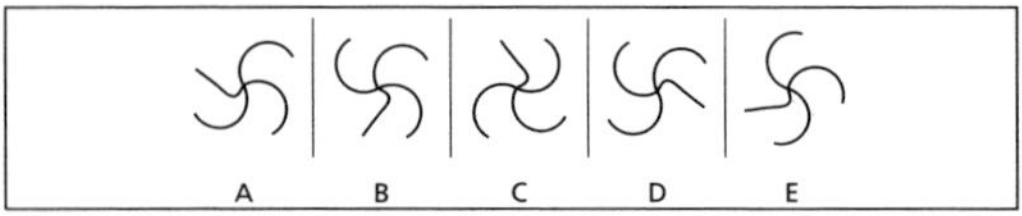

Test 92

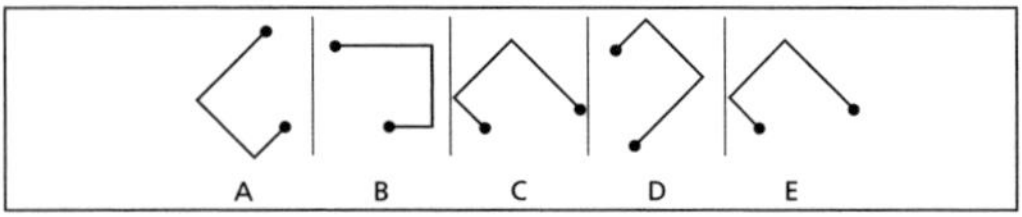

Test 93

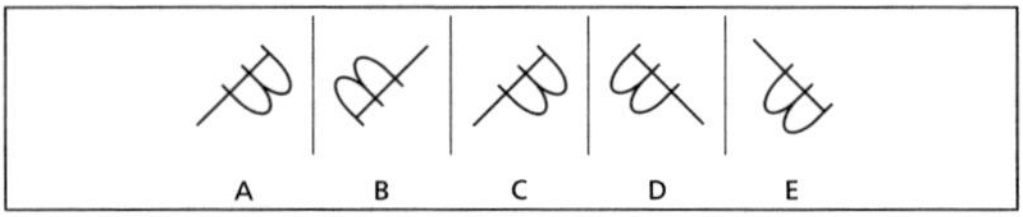

Test 94

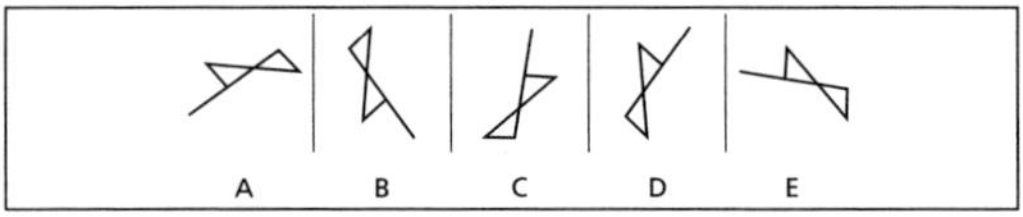

Test 95

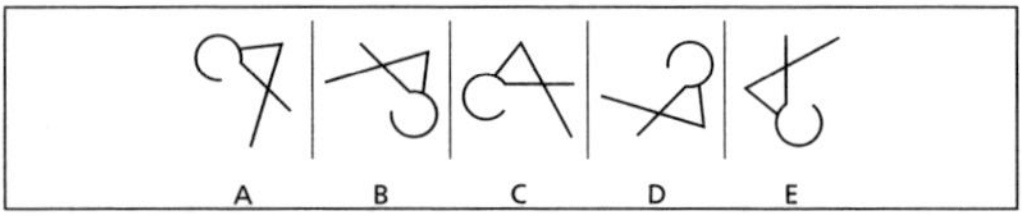

Test 96

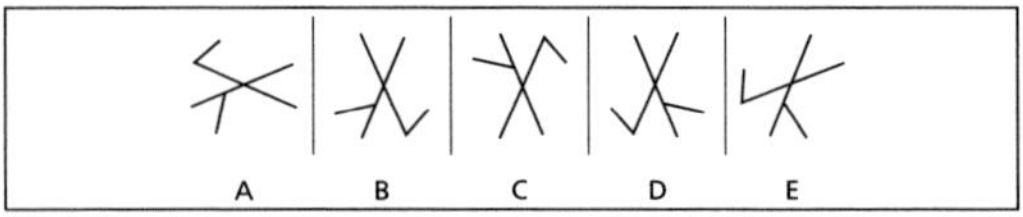

Test 97

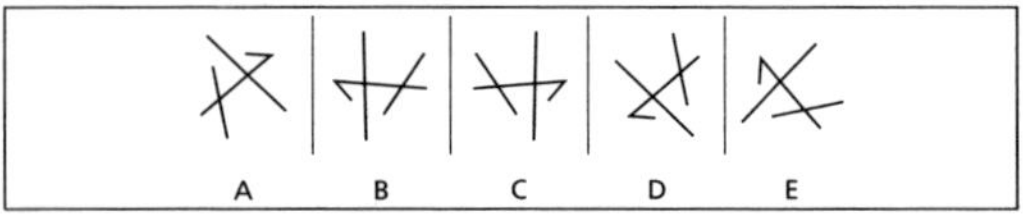

Test 98

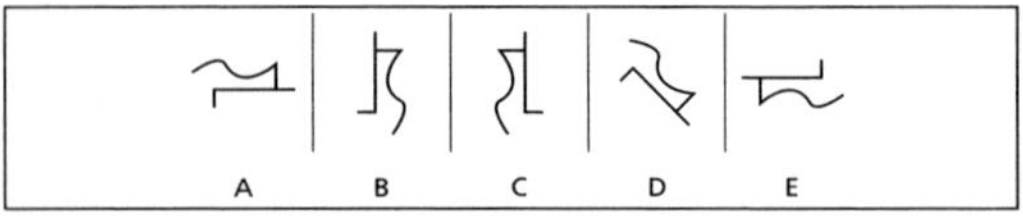

Würfeltests (Tests 99–106)

Stellen Sie sich vor, ein Würfel liegt vor Ihnen, und Sie sehen drei Seiten von ihm. Nun wird der Würfel gedreht, jeweils eine neue Seite wird sichtbar, eine schon bekannte dem Blick entzogen.

Die Drehung des Würfels erfolgt bei jedem Schritt immer in die gleiche Richtung.

Nach zwei Drehungen können Sie das Ergebnis einer weiteren dritten Drehung mit etwas Logik vorhersagen. Sehen Sie sich das Beispiel an:

Beispiel

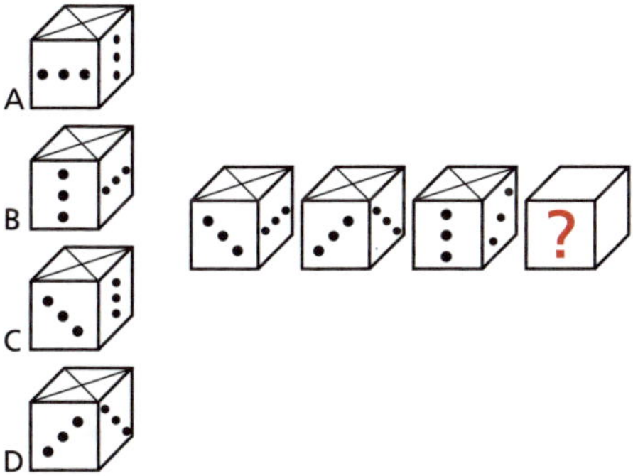

Haben Sie Die Lösung gefunden? Der Würfel dreht sich nach rechts, das richtige Ergebnis lautet daher A.

Lösen Sie nun die folgenden acht Aufgaben (Tests 99–106), und tragen Sie die Kennbuchstaben der von Ihnen gefundenen Ergebnisse in die Tabelle auf Seite 54 ein.

Test 99

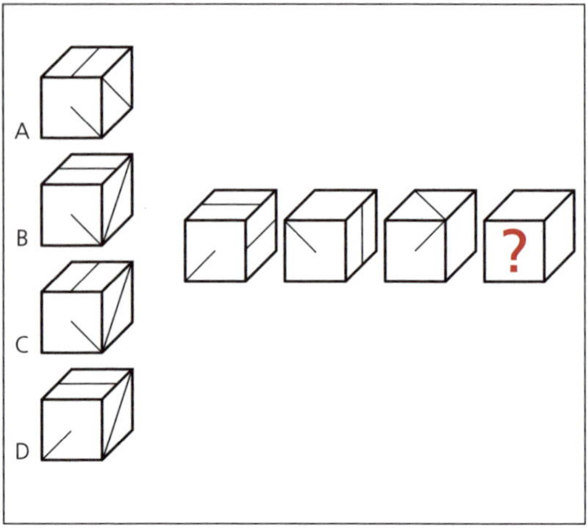

Test 100

Test 101

Test 102

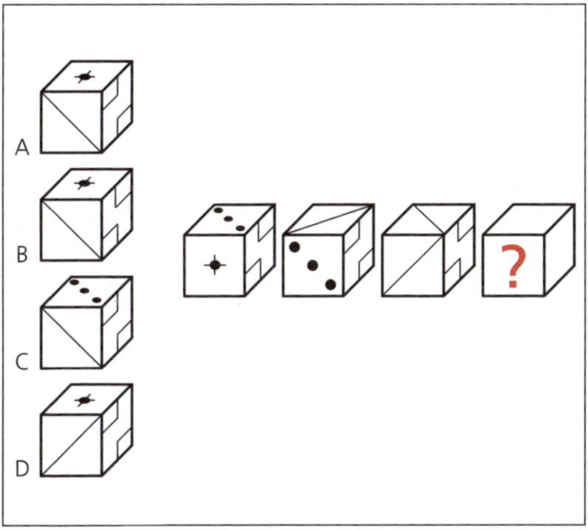

Test 103

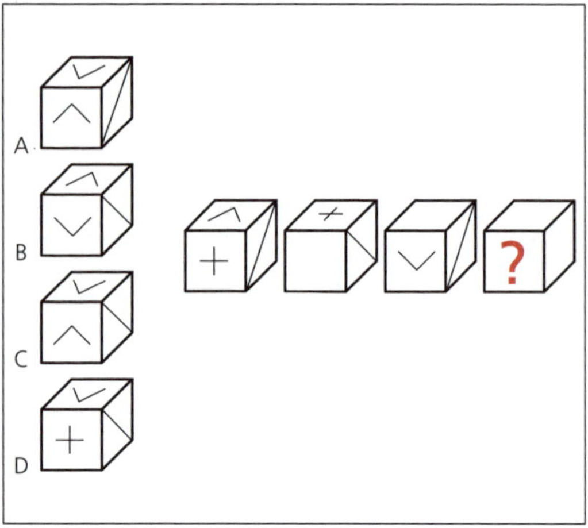

Test 104

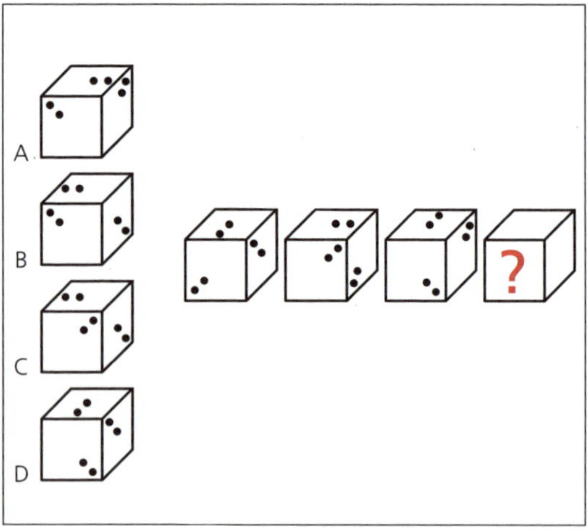

Test 105

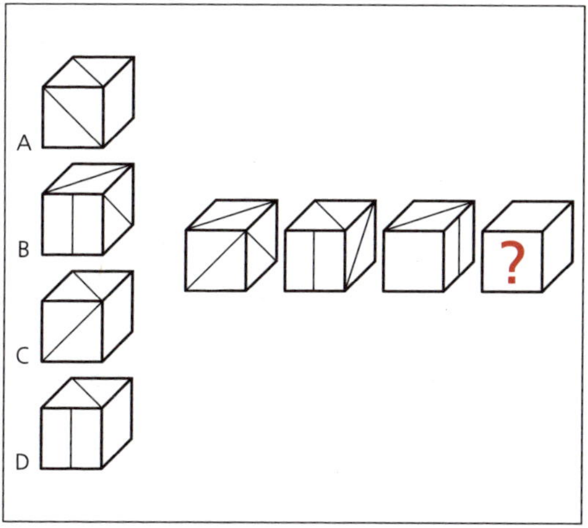

Test 106

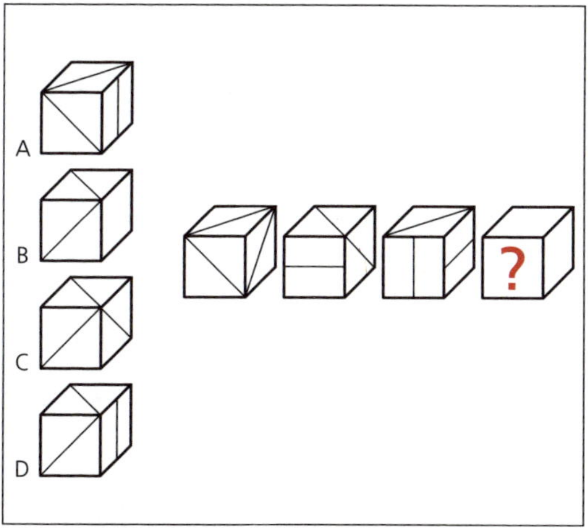

Orientierung in der Stadt (Test 107)

In diesem Test haben Sie es mit praktischer Orientierung und gutem Gedächtnis zu tun. Betrachten Sie den abgebildeten Stadtplan, und prägen Sie sich den zurückzulegenden Weg genau ein.

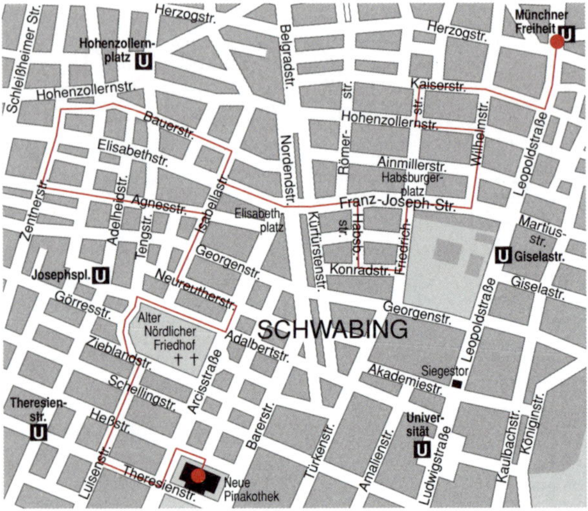

Blättern Sie nun um auf Seite 52, und tragen Sie den genauen Weg in den Plan ein.

LÖSUNGEN ZUR OPTISCHEN INTELLIGENZ

Vergleichen Sie das jeweilige von Ihnen gefundene Ergebnis mit der hier eingetragenen richtigen Lösung. Für jede richtige Antwort bekommen Sie meist einen Punkt in der rechten Spalte, bei Aufgabe 83 allerdings fünf Punkte und bei Aufgabe 107 sogar zehn Punkte, wenn Ihre Lösung richtig war.

Figurenrätsel (Test 1–50)
Für jede richtige Lösung bekommen Sie einen Punkt.

Test Nr.	Richtige Lösung	Ihre Punkte
1	G	
2	B	
3	G	
4	E	
5	E	
6	C	
7	B + G	
8	A	
9	C	
10	E + H	
11	C	
12	D	
13	A	
14	F	
15	D	
16	G	
17	B	
18	G	
19	H	
20	E	
21	C	
22	B	
23	A	
24	F	
25	F	
Ihre Summe		

Test Nr.	Richtige Lösung	Ihre Punkte
26	C	
27	H	
28	B	
29	E	
30	G	
31	D	
32	B	
33	F	
34	A	
35	F	
36	C	
37	H	
38	A	
39	B	
40	D	
41	E	
42	G	
43	E	
44	C	
45	H	
46	F	
47	F	
48	A	
49	G	
50	E	
Ihre Summe		

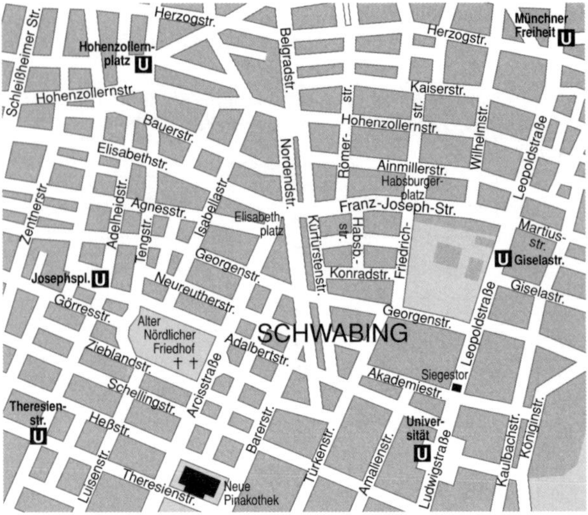

Wenn Sie den Weg eingezeichnet haben, dann blättern Sie auf die vorhergehende Seite 50 zurück, und vergleichen Sie Ihr Ergebnis.
Wenn Sie wirklich alles richtig gemacht haben, bekommen Sie zehn Punkte, die Sie sich in der Lösungstabelle auf Seite 130 eintragen.

Erfassen optischer Muster (Test 51–82)

Für jede richtige Lösung bekommen Sie einen Punkt.

Test Nr.	Richtige Lösung	Ihre Punkte
51	A	
52	B	
53	C	
54	C	
55	B	
56	C	
57	A	
58	C	
59	C	
60	B	
61	C	
62	A	
63	C	
64	B	
65	C	
66	C	
Ihre Summe		

Test Nr.	Richtige Lösung	Ihre Punkte
67	A	
68	B	
69	B	
70	C	
71	A	
72	B	
73	A	
74	A	
75	B	
76	C	
77	A	
78	C	
79	A	
80	C	
81	B	
82	C	
Ihre Summe		

Die magischen Ringe (Test 83)

Für die richtige Lösung bekommen Sie fünf Punkte.

Test Nr.	Richtige Lösung	Ihre Punkte
83	5 Punkte	
Ihre Summe		

Finden Sie den Fremdkörper (Test 84–98)
Für jede richtige Lösung bekommen Sie einen Punkt.

Test Nr.	Richtige Lösung	Ihre Punkte
84	B	
85	D	
86	B	
87	E	
88	B	
89	B	
90	D	
91	C	
Ihre Summe		

Test Nr.	Richtige Lösung	Ihre Punkte
92	B	
93	D	
94	D	
95	B	
96	B	
97	C	
98	B	
Ihre Summe		

Würfeltest (Test 99–106)
Für jede richtige Lösung bekommen Sie einen Punkt.

Test Nr.	Richtige Lösung	Ihre Punkte
99	C	
100	D	
101	A	
102	A	
Ihre Summe		

Test Nr.	Richtige Lösung	Ihre Punkte
103	C	
104	B	
105	A	
106	D	
Ihre Summe		

Orientierung und Gedächtnis (Test 107)
Für die richtige Lösung bekommen Sie zehn Punkte.

Test Nr.	Richtige Lösung	Ihre Punkte
107	10 Punkte	
Ihre Summe		

Bei allen Tests für die optische Intelligenz können Sie zusammen maximal 120 Punkte erreichen, wenn Sie alle Aufgaben richtig gelöst haben. Tragen Sie hier Ihre Gesamtsumme für die optische Intelligenz ein:

Diesen Wert übertragen Sie in die Gesamtauswertung auf Seite 97.

Tests zur praktischen Intelligenz

Kombinationstest (Test 108–115)

Bei den folgenden acht Aufgaben müssen Sie die einzelnen Schnipsel wieder zur ganzen Figur kombinieren. Die Schnipsel müssen dazu verschoben oder gedreht werden. Hier das Beispiel:

Beispiel

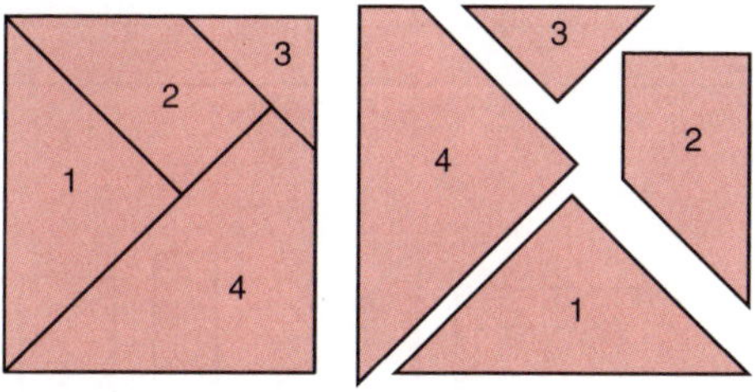

Ihre Aufgabe ist es, in die ganze Figur die einzelnen Schnipsel mit ihren Nummern einzuzeichnen. Wichtig ist es, dass die Größenordnungen stimmen. Ziel dieser Aufgabe ist es, Ihr Vorstellungsvermögen zu testen. Sie dürfen deshalb die einzelnen Schnipsel nur im Kopf hin und her schieben, nicht jedoch ausschneiden.
Die Lösungen finden Sie auf Seite 66. Für jede richtige Lösung bekommen Sie einen Punkt. Tragen Sie bitte Ihre Punkte in die Tabelle auf Seite 67 ein.

Test 108

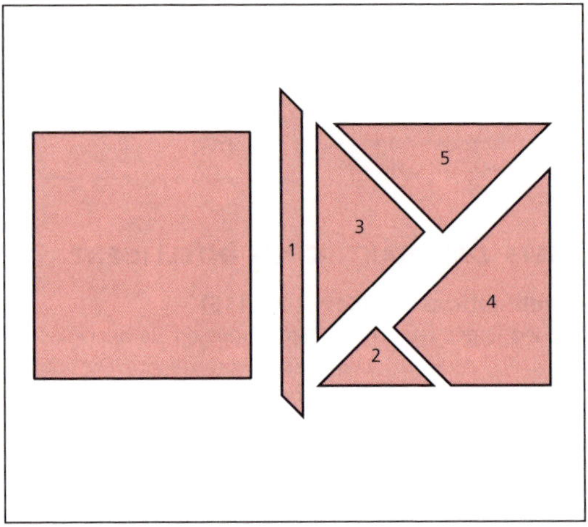

Test 109

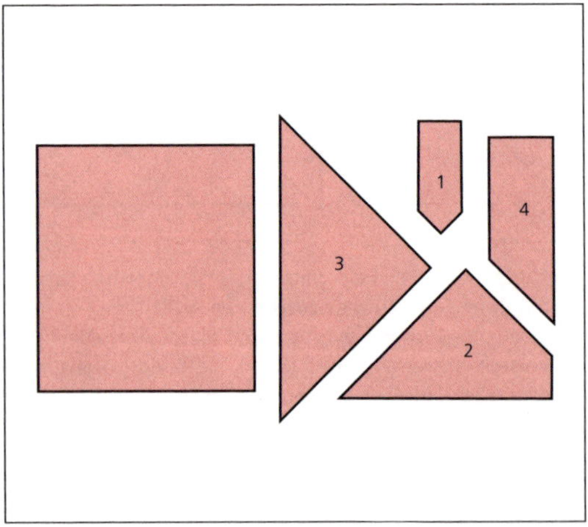

Test 110

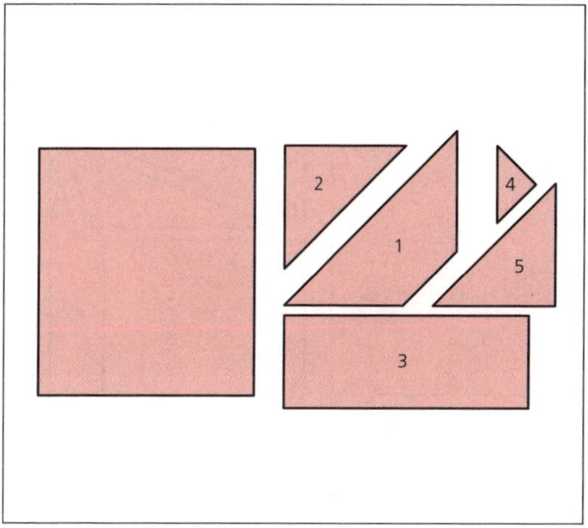

Test 111

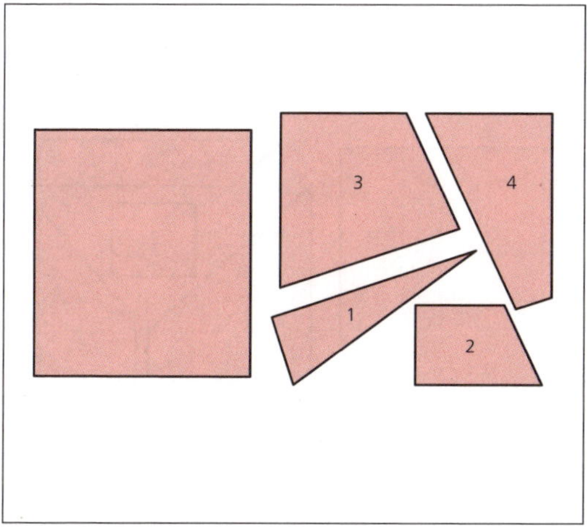

Test 112

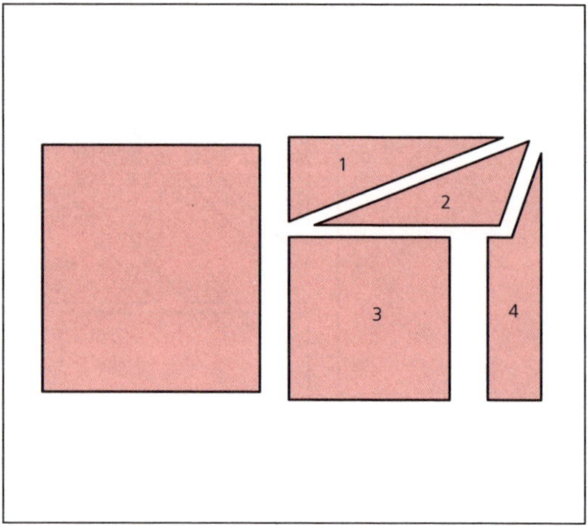

Test 113

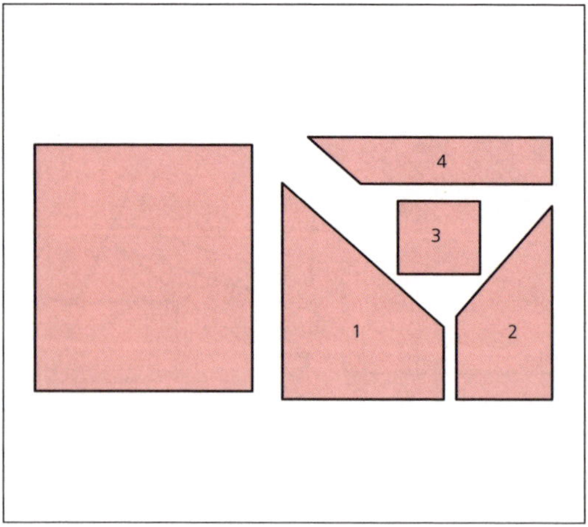

Test 114

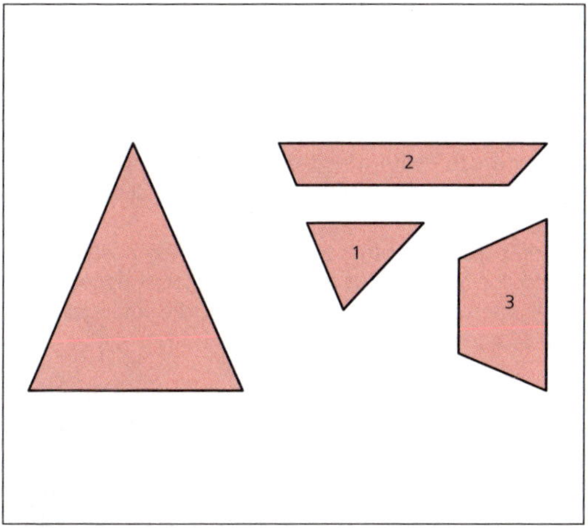

Test 115

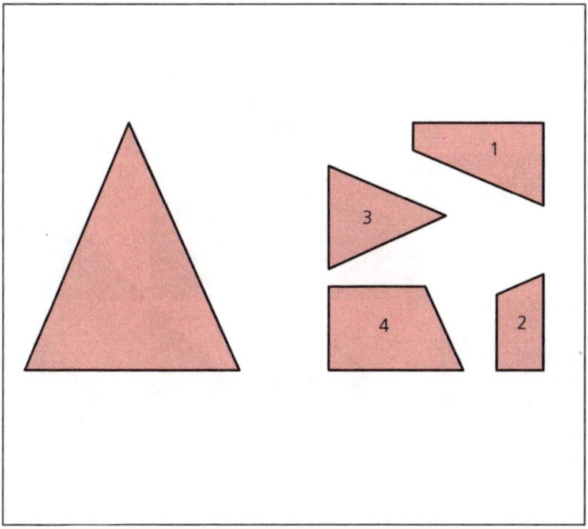

Formen legen

Für die folgenden acht Testaufgaben müssen Sie zuerst die Quadrate auf dieser Seite ausschneiden. (Hierzu kopieren Sie diese Seite und zerschneiden dann die Fotokopie.)

Sie erhalten zwölf Quadrate, die diagonal in eine weiße und eine schwarze Hälfte geteilt sind, und vier völlig schwarze Quadrate. Bei den folgenden Aufgaben müssen Sie immer alle Quadrate benutzen.

Für jede gelöste Aufgabe erhalten Sie einen Punkt. Die Summe Ihrer Punkte aus dem Formenlegetest tragen Sie in die Auswertungstabelle für die praktische Intelligenz auf Seite 67 ein.

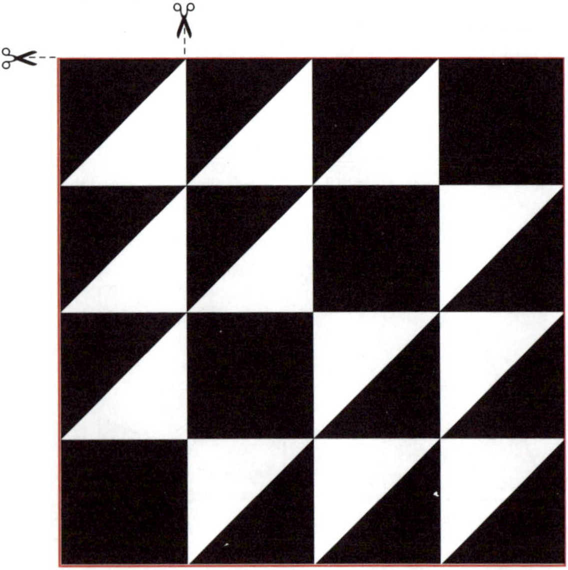

Betrachten Sie zuerst das Beispiel. Diese Figur sollen Sie mit den vorhandenen Quadraten legen.

Beispiel

Und dies ist die Lösung:

Lösung

Test 116

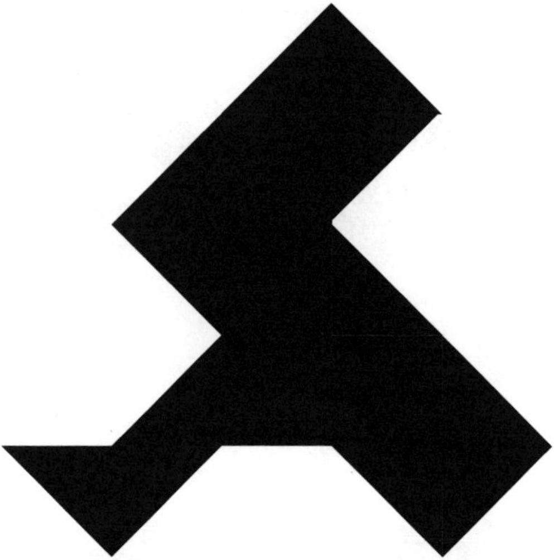

Test 117

Test 118

Test 119

Test 120

Test 121

Test 122

Test 123

Lösungen zur praktischen Intelligenz

Lösungen der Kombinationstests (Test 108–115)

Test 108

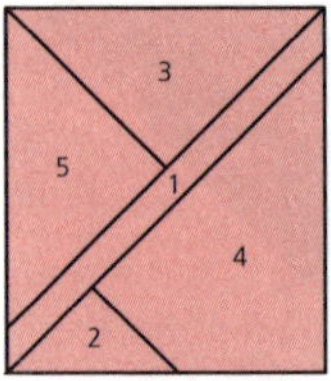

Test 109

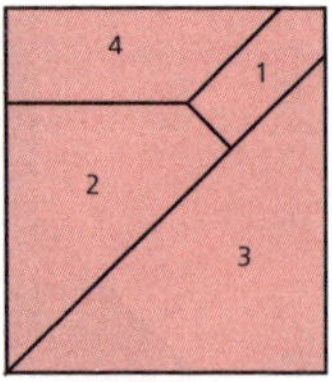

Test 110

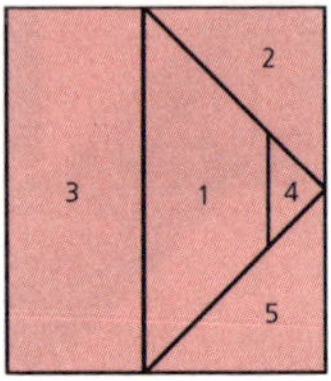

Test 111

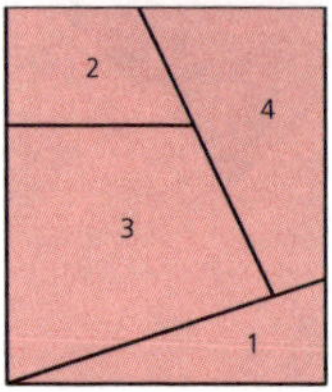

Test 112

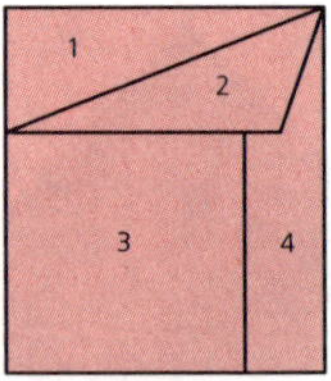

Test 113

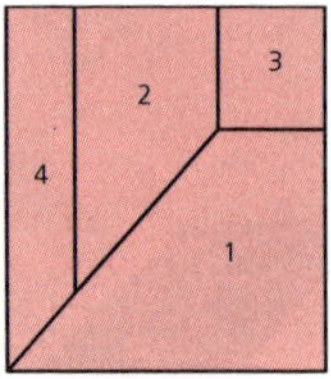

Test 114

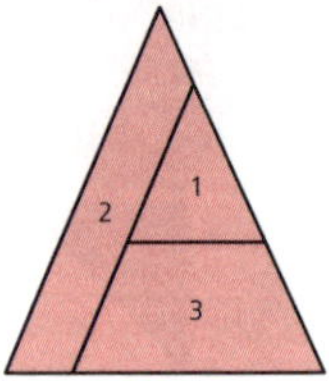

Test 115

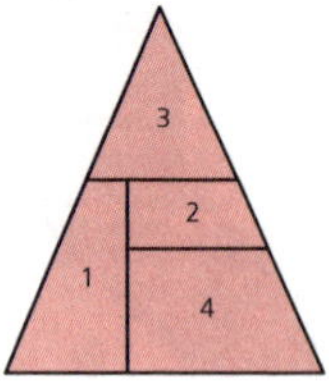

Kombinationstest (Test 108–115)
Für jede richtige Lösung eines dieser Kombinationstests bekommen Sie einen Punkt.

Test Nr.	Lösung gefunden?
108	
109	
110	
111	
Ihre Summe	

Test Nr.	Lösung gefunden?
112	
113	
114	
115	
Ihre Summe	

Formen legen (Test 116–123)
Für jede richtige Lösung bei dieser Testart bekommen Sie einen Punkt.

Test Nr.	Lösung gefunden?
116	
117	
118	
119	
Ihre Summe	

Test Nr.	Lösung gefunden?
120	
121	
122	
123	
Ihre Summe	

Bei den Tests für die praktische Intelligenz können Sie maximal 16 Punkte erreichen.
Tragen Sie hier Ihre Gesamtsumme für die praktische Intelligenz ein:

Diesen Wert übertragen Sie in die Gesamtauswertung auf Seite 97.

Tests zur sprachlichen Intelligenz

Wortanalogien (Test 124–138)

In den folgenden 15 Tests geht es darum, einem Wortpaar ein zweites analoges zuzuordnen. Ein einfaches Beispiel soll dies erklären:

Beispiel

Frau : weiblich	(lies: Frau verhält sich zu weiblich)
gesuchte Analogie zu	(lies: wie)
Mann : ?	(Mann zu ?)

Hier ordnen Sie rasch und problemlos »männlich« zu. Der Doppelpunkt bedeutet bei diesen Analogien »verhält sich zu«.

Lösungsstrategien

Vorgehensweise bei der Lösung

Diese Wortanalogien können nach verschiedenen Regeln gebildet werden. Um die richtige Lösung zu finden, können Sie eine der folgenden Regeln anwenden:

Regel 1: Gemeinsamer Oberbegriff

Hammer : Meißel = Apfel : Kirsche

Die beiden Wörter des Ausgangspaares gehören zum selben Oberbegriff (hier: Werkzeuge), für das Lösungspaar muss ebenfalls der gemeinsame Oberbegriff zugrunde gelegt werden (hier: Früchte).

Regel 2: Oberbegriff und Unterbegriff

Zange : Werkzeug = Apfel : Früchte

Das zweite Wort gibt den zusammenfassenden Oberbegriff wieder.

Regel 3: Gegenteil

groß : klein = alt : jung

Ausgangswörter und Lösungswörter bilden jeweils ein Gegensatzpaar.

Regel 4: Teil und Ganzes

Fahrrad : Klingel = Hemd : Knopf

Das zweite Wort bezeichnet jeweils ein Teilelement des ersten Wortes.

Regel 5: Objekt und Subjekt

Auto : Straße = Fahrrad : Radweg

Das Subjekt steht jeweils in abhängiger Beziehung zu seinem Objekt: Das Auto fährt auf der Straße.

Regel 6: Synonyme

Brötchen : Semmel = Orange : Apfelsine
qualmen : rauchen = Augenblick : Moment

Jedes der beiden Wortpaare bezeichnet nur einen gleichen Gegenstand oder eine Eigenschaft oder Tätigkeit.

Zugrunde liegende Regeln erkennen

Regel 7: Grammatikalische Beziehung

werfen : warf = waschen : wusch

Hier stehen die jeweiligen Worte eines Wortpaares in einem grammatikalischen Zusammenhang, im vorliegenden Beispiel »Infinitiv : 1. Person, Vergangenheit«.

Regel 8: Zusammensetzung

Abend : Stern = Eisen : Bahn

Die Worte eines Wortpaares bilden jeweils einen zusammengesetzten Begriff.

Regel 9: Formale Analogie

Affe : Abendanzug = Kuchen : Karneval
Stolz : Holz = Tisch : Fisch
Türe : Maus = Kiste : Buche

Im ersten Beispiel beginnen die Wörter jedes Wortpaares mit demselben Anfangsbuchstaben, im zweiten Beispiel reimen sie sich, im dritten ist die Anzahl der Buchstaben gleich.
Um eine Aufgabe zur Wortanalogie zu lösen, müssen Sie jedes Mal erst die zugrunde liegende Regel erkennen.

Test 124

Fohlen : Stute	A Mann
wie	B Mensch
Baby : ?	C Frau
	D Mutter
	E Vater

Test 125

rot : grün	A schwarz
wie	B gelb
blau : ?	C braun
	D weiß
	E orange

Test 126

gehe : ging	A ruft
wie	B Rufen
rufe : ?	C lief
	D rief
	E Gang

Test 127

dunkel : hell	A lang
wie	B kurz
breit : ?	C schmal
	D tief
	E hoch

Test 128

Stadt : Mauer	A ziehen
wie	B Graben
Zug : ?	C Tor
	D zog
	E Brücke

Test 129

Hammer : Zange	A Wurm
wie	B Kern
Apfel : ?	C Most
	D Birne
	E Baum

Test 130

Hammer : Nagel	A Hand
wie	B Farbe
Pinsel : ?	C Maler
	D Farbrolle
	E Lehrling

Test 131

Buche : Eiche	A Kiefer
wie	B Fichte
Pudel : ?	C Hund
	D Dackel
	E Tiere

Test 132

Truhe : Ruhe	A Deckel
wie	B Weide
Schneide : ?	C Stille
	D Schnitt
	E Messer

Test 133

Motor : Rad	A Lift
wie	B Fahrrad
Treppen : ?	C Sattel
	D Garage
	E Haus

Test 134

Riese : Zwerg	A groß
wie	B dumm
arm : ?	C reich
	D klein
	E winzig

Test 135

tanzen : Tanz	A Sänger
wie	B Tänzer
singen : ?	C schreien
	D Geschrei
	E Gesang

Test 136

Löwe : Maus	A Kuchen
wie	B Giraffe
Brot : ?	C Ratte
	D Limonade
	E Teller

Test 137

Kuh : Stall	A Auspuff
wie	B Wohnung
Auto : ?	C Garage
	D Bauernhof
	E Lenkrad

Test 138

Hund : Katze	A Brot
wie	B Lebensmittel
Torte : ?	C Getränke
	D Gebäck
	E Mehl

Wortreihen (Test 139–150)

Die folgenden zwölf Tests ähneln den vorhergehenden Aufgaben. Auch hier müssen Sie ein Muster erkennen. Jedoch kommt es jetzt darauf an, die Bedeutung der einzelnen Wörter zu analysieren und dann aus den jeweils fünf angebotenen Lösungsmöglichkeiten die richtige auszuwählen. Hier das Vorabbeispiel:

Beispiel

Himbeere : Erdbeere	A Stachelbeere
Orange : Apfel	B Pfirsich
Rose : ?	C Nelke
	D Johannisbeere
	E Birne

In dieser Aufgabe stehen je zwei Beeren, zwei Früchte und zwei Blumen in einer Reihe. Sie müssen also eine weitere Blume ergänzen, die richtige Lösung ist die Antwort C: Nelke. Die Lösungen finden Sie auf Seite 80.

Test 139

eng	A klein
breit	B kurz
?	C weit
tief	D groß
hoch	E schmal
lang	

Test 140

oben	A nun
jetzt	B wann
hier	C überall
?	D immer
unten	E dort
dann	

Test 141

Baum	A	Stamm
Frucht	B	Zweig
Ast	C	Bein
Mensch	D	Laub
Fuß	E	Leib
?		

Test 142

Sattelschlepper	A	Dreirad
Personenwagen	B	Lastwagen
Motorrad	C	Auto
?	D	Fahrrad
Dampflock	E	Kutsche
Schubkarre		

Test 143

Eimer	A	Kessel
Schwimmbecken	B	Flasche
Krug	C	Tasse
Wanne	D	Teller
?	E	Terrine
Schnapsglas		

Test 144

Fahrrad	A	Fischerboot
Segelboot	B	Motorboot
Ruderboot	C	Fährschiff
Roller	D	Passagierschiff
?	E	Moped
Omnibus		

Test 145

Eisenbahn	A Schiff
?	B Elefant
Huhn	C Löwe
Flugzeug	D Katze
Auto	E Lastwagen
Hund	

Test 146

Gitarre	A Trompete
Blockflöte	B Querflöte
Saxophon	C Mundharmonika
Waldhorn	D Schlagzeug
?	E Violine
Harfe	

Test 147

Uhr	A Zeiger
Zifferblatt	B Hemd
Jacke	C Wecker
?	D Socken
Anzug	E Strümpfe
Hose	

Test 148

Schaf	A Schnitzel
?	B Wolle
Huhn	C Feder
Ei	D Wurst
Schinken	E Henne
Schwein	

Test 149

Schal	A Volkswagen
Opel	B Fiat
?	C Pullover
Dosenöffner	D Kochlöffel
Mercedes	E Schneebesen
Korkenzieher	

Test 150

Fiat	A Ford
BMW	B Mercedes
Hemd	C Textilgeschäft
?	D Socke
Volkswagen	E Opel
Hose	

Sprachliches Gedächtnis (Test 151)

Für diesen Test benötigen Sie eine Uhr mit Sekundenzeiger oder eine Stoppuhr, Papier und einen Bleistift. Im folgenden Kasten sehen Sie eine Liste von Wörtern. Prägen Sie sich alle Wörter innerhalb von drei Minuten ein. Decken Sie dann die Liste ab, und schreiben Sie alle Wörter auf, an die Sie sich noch erinnern können.

Kohlmeise	Turm	Ärger	Dortmund
Trauer	Doppelhaus	Hamburg	Banane
Sperber	München	Ananas	Garage
Wut	Mango	Graureiher	Kaiserslautern
Stuttgart	Rathaus	Quitte	Freude
Birne	Rauchschwalbe	Gans	Bungalow
Kirsche	Bremen	Eisvogel	Granatapfel

Für jedes richtige Wort bekommen Sie einen Punkt. Tragen Sie die Zahl der erreichten Punkte in die Auswertungstabelle auf Seite 80 ein.

Wortverständnis (Test 152–164)

Bei den folgenden Aufgaben müssen Sie jeweils das Wort in einer Reihe herausfinden, das nicht zu den anderen Wörtern passt. Markieren Sie den Kennbuchstaben des Wortes, und tragen Sie sich für jede richtige Lösung einen Punkt auf Seite 81 ein.

Test 152

A Biene
B Spinne
C Motte
D Mücke
E Ameise

Test 153

A Schlitten
B Omnibus
C Lastwagen
D Personenwagen
E Fuhrwerk

Test 154

A Ottawa
B London
C New York
D Washington
E Paris

Test 155

A Hütte
B Haus
C Iglu
D Kaufhaus
E Villa

Test 156

A Bett
B Sofa
C Stuhl
D Tisch
E Laufgitter

Test 157

A Brigg
B Jolle
C Dhau
D Kajütboot
E Dschunke

Test 158

A Nelson
B Wellington
C Hannibal
D Napoleon
E Alexander

Test 159

A Rubens
B Shakespeare
C Tintoretto
D Monet
E Rembrandt

Test 160

A Heilbutt
B Hering
C Scholle
D Delfin
E Hai

Test 161

A Chamisso
B Gryphius
C Eichendorff
D Körner
E Stresemann

Test 162

A August
B September
C Oktober
D November
E Dezember

Test 163

A Bach
B Händel
C Goethe
D Mozart
E Bruckner

Test 164

A Mexico City
B Bangkok
C Kairo
D Rio de Janeiro
E Lima

Lösungen zur sprachlichen Intelligenz

Wortanalogie (Test 124–138)

Für jede richtige Lösung bekommen Sie einen Punkt.

Test Nr.	Richtige Lösung	Gefunden?
124	C	
125	B	
126	D	
127	C	
128	E	
129	D	
130	B	
131	D	
Ihre Summe		

Test Nr.	Richtige Lösung	Gefunden?
132	B	
133	E	
134	C	
135	E	
136	A	
137	C	
138	A	
Ihre Summe		

Wortreihe (Test 139–150)

Für jede richtige Lösung bekommen Sie einen Punkt.

Test Nr.	Richtige Lösung	Gefunden?
139	B	
140	E	
141	C	
142	A	
143	C	
144	D	
Ihre Summe		

Test Nr.	Richtige Lösung	Gefunden?
145	D	
146	E	
147	A	
148	B	
149	C	
150	D	
Ihre Summe		

Sprachliches Gedächtnis (Test 151)

Wenn Sie sich alle Wörter gemerkt haben, erreichen Sie bei dieser Aufgabe 28 Punkte.

Ihre Summe

Wortverständnis (Test 152–164)

Für jede richtige Lösung bekommen Sie einen Punkt.

Test Nr.	Richtige Lösung	Gefunden?
152	B: Die Spinne ist kein Insekt.	
153	A: Der Schlitten hat keine Räder.	
154	C: New York ist keine Hauptstadt.	
155	D: Ein Kaufhaus ist nicht bewohnt.	
156	E: Das Laufgitter steht nicht auf Beinen.	
157	D: Das Kajütboot hat keine Besegelung.	
158	A: Nelson war Admiral, kein General.	
159	B: Alle anderen waren Maler.	
160	D: Der Delfin ist ein Säugetier.	
161	E: Stresemann war Politiker.	
162	A: August endet nicht auf »-er«.	
163	C: Alle anderen waren Komponisten.	
164	D: Rio de Janeiro ist keine Hauptstadt.	
Ihre Summe		

Bei den Tests für die sprachliche Intelligenz können Sie maximal 68 Punkte erreichen.

Tragen Sie nachfolgend Ihre erzielte Gesamtsumme für die sprachliche Intelligenz ein:

Diesen Wert übertragen Sie in die Gesamtauswertung auf Seite 97.

Tests zur rechnerischen Intelligenz

Zahlenreihen (Test 165–174)

Bei diesem Typ von Aufgaben sollen Sie in einer Zahlenreihe die fehlende Zahl ergänzen. Um dies tun zu können, müssen Sie die Gesetzmäßigkeit herausfinden, nach der die Zahlenreihe aufgebaut ist. Ein Beispiel vorab:

Beispiel

A	1						
B	2						
C	3	12	10	?	6	4	2
D	5						
E	8						

In diesem Fall ist die zugrunde liegende Regel einfach: Die Zahlen vermindern sich jeweils um 2. Die Lösung ist also die 8, Kennbuchstabe E.

Testreihen für Ihr Training

Versuchen Sie nun bei den folgenden zehn Aufgaben die Gesetzmäßigkeiten der Zahlenreihen herauszufinden. Für jede richtige Lösung bekommen Sie einen Punkt auf Seite 90.

Test 165

A	1						
B	2						
C	3	121	81	49	25	9	?
D	5						
E	8						

Test 166

A	10						
B	11						
C	12	6	9	?	15	18	21
D	13						
E	14						

Test 167

A	21						
B	22						
C	23	15	?	17	23	19	25
D	24						
E	25						

Test 168

A	14						
B	15						
C	16	2	3	5	8	12	?
D	17						
E	18						

Test 169

A	40						
B	42						
C	44	40	38	42	40	44	?
D	46						
E	48						

Test 170

A	9						
B	10						
C	12	?	24	39	57	78	102
D	15						
E	18						

Test 171

A	121						
B	124						
C	136	2	5	12	27	58	?
D	164						
E	181						

Test 172

A	96						
B	144						
C	182	1	8	27	64	125	?
D	216						
E	1012						

Test 173

A	19						
B	20						
C	21	2	6	10	14	18	?
D	22						
E	23						

Test 174

A	80						
B	95						
C	105	25	35	47	61	77	?
D	110						
E	130						

Zahlenpaare (Test 175–190)

Wie bei den vorhergehenden Aufgaben müssen Sie hier wieder Gesetzmäßigkeiten herausfinden, nach denen die Zahlenreihen aufgebaut sind, nur handelt es sich diesmal um Zahlenpaare.
Ein Beispiel soll die Aufgabenstellung erläutern – Sie sollen das fehlende Zahlenpaar finden:

Beispiel

2	3	4	5	6	?
4	9	16	25	36	?

Die Lösung haben Sie sicher gleich gefunden. Das fehlende Zahlenpaar lautet

7
49

Die untere Zahl ist jeweils das Quadrat der oberen.

Doppelt schwierig

Knifflige Aufgabenstellung

Die Regeln, die Sie finden müssen, um die Aufgaben zu lösen, beziehen sich manchmal nur auf einen Teil der Reihe, während der andere einer anderen Regel folgt. So können beispielsweise die oben stehenden Zahlen nach einer bestimmten Gesetzmäßigkeit zunehmen, während die unteren nach einer anderen Gesetzmäßigkeit abnehmen. Oder jeweils jede zweite Zahl folgt einer bestimmten Regel usw. Hier noch ein Beispiel. Ergänzen Sie wieder die fehlenden Zahlen:

Beispiel

1	2	3	4	5	?
9	8	7	6	5	?

Haben Sie es erkannt? Die oberen Zahlen nehmen zu, die unteren ab. Die Lösung lautet

6
4

Gehen Sie nun an die Lösung der Aufgaben. Für jede richtige Lösung bekommen Sie einen Punkt auf Seite 91.

Test 175

33	30	27	24	21	?
2	4	6	8	10	?

Test 176

2	4	6	8	10	?
2	5	8	11	14	?

Test 177

81	64	49	36	25	?
73	56	41	28	17	?

Test 178

3	6	12	24	48	?
1	2	4	16	256	?

Test 179

4	6	8	10	?
7	10	13	16	?

Test 180

12	5	37	23	74	41
28	21	53	39	90	?

Test 181

5	7	8	10	11	?
5	6	7	8	9	?

Test 182

16	15	13	10	6	?
32	30	26	20	12	?

Test 183

2	4	7	9	12	?
3	6	8	11	13	?

Test 184

12	11	13	10	14	?
24	25	23	26	22	?

Test 185

7	7	7	7	7	?
1	2	4	8	16	?

Test 186

1	3	6	10	15	?
6	9	13	18	24	?

Test 187

3	9	27	81	243	?
1	3	9	27	81	?

Test 188

9	7	4	2	–1	?
–7	–5	–2	0	3	?

Test 189

81	64	49	36	25	?
100	121	144	169	196	?

Test 190

16	14	12	10	8	?
256	196	144	100	64	?

Textaufgaben (Test 191–200)

Diesen Typ von Rechenaufgaben kennen Sie mit Sicherheit noch aus dem Schulunterricht früherer Jahre. Damit Sie gut dabei abschneiden, müssen Sie versuchen, rasch zum Kern der Frage vorzustoßen. Lassen Sie sich nicht von unwichtigen Details ablenken. Versuchen Sie vielmehr, das Problem in eine mathematische Formel zu übersetzen; Lösung ab Seite 92.

Test 191

Max möchte Schokolade kaufen. Da sein Taschengeld wie immer knapp ist, kommt es ihm natürlich darauf an, möglichst viel für sein Geld zu bekommen. Im Supermarkt gibt es zwei Angebote: Eine 125-Gramm-Packung zu 0,56 € und eine 300-Gramm-Tafel zu 1,53 €. Wofür sollte sich Max entscheiden?

Test 192 Herr Maiser kauft eine Aktie zum Preis von 40 €, und als er sie wieder verkauft, bekommt er 47 € dafür. Da ihm das lohnend erschien, kauft er wenig später dieselbe Aktie erneut. Inzwischen kostet die Aktie aber schon 56 €. Als Herr Maiser sie abermals verkauft, erhält er 58 €. Hat Herr Maiser Gewinn oder Verlust gemacht? Und wie viel?

Test 193 Herr Maiser wird morgen in eine andere Wohnung umziehen. Alles ist schon verpackt, und man kann sich vor lauter Umzugskartons kaum noch in der Wohnung bewegen. Da ruft Kollege Schneider an und bietet für den Abend eine übrig gebliebene Opernkarte an. Das Problem: Alle Socken sind schon verpackt. Herr Maiser weiß, in welchem Karton seine sieben Paar Socken sind und dass er drei Paar schwarze und vier Paar graue Socken hat. Aber er kann nur blind hineingreifen, die Kartons stehen viel zu eng. Herr Maiser braucht auf alle Fälle zwei gleichfarbige, am liebsten zwei schwarze Socken zum dunklen Anzug.

a) Wie viele Socken muss Herr Maiser blind aus dem Karton herausholen, um mindestens zwei gleichfarbige Socken zu haben?
b) Wie viele Socken muss Herr Maiser blind aus dem Karton herausholen, um zwei schwarze Socken zu haben?

Test 194 Max ist wieder mal beim Einkaufen. Seine Mutter hat ihn losgeschickt, zwei Flaschen Orangensaft zu kaufen, weil Besuch gekommen ist. Max hat 2 € mitbekommen und darf den Rest behalten. Im Supermarkt gibt es 300-ml-Flaschen zu 0,71 € und 500-ml-Flaschen zu 0,76 €. Was kauft Max?

Test 195 Familie Maiser hat verschiedene Haustiere. Es könnten Hunde, Katzen oder Meerschweinchen sein. Bekannt ist:

a) Alle Tiere bis auf zwei sind Meerschweinchen
b) Alle Tiere bis auf zwei sind Hunde
c) Alle Tiere bis auf zwei sind Katzen

Wie viele und welche Haustiere hat Familie Maiser?

Test 196

Teilen Sie 200 durch $1/4$ und ziehen Sie vom Ergebnis 5 ab. Was kommt heraus?

Test 197

Was ist größer: $1/4 \times 1/5$ oder $1/4 - 1/5$?

Test 198

Herr Maiser fährt zu Tante Hilde, die genau 100 km entfernt wohnt. Seine Durchschnittsgeschwindigkeit beträgt 60 km/h. Morgen, auf der Rückreise, möchte er so schnell fahren, dass die Durchschnittsgeschwindigkeit für beide Wegstrecken 65 km/h beträgt. Wie schnell muss er durchschnittlich auf dem Rückweg fahren?

Test 199

Ein thailändischer Bauer pflanzt im März einen Bambusschößling, der bekanntlich sehr schnell wächst. Im Dezember ist er bereits neun Meter hoch. In welchem Monat hatte er eine Höhe von fünf Metern erreicht?

Test 200

Max hat drei Geschwister. Während die Eltern Tante Agnes besuchen, hat einer von den vieren den Rasen gemäht. Wer es war, wollen sie den Eltern nicht so einfach sagen, sondern deren Rechenkünste testen. Dazu haben sie beschlossen, dass drei von ihnen lügen werden und einer die Wahrheit sagt. Das sind die Aussagen:

- Anke: »Max hat den Rasen gemäht.«
- Max: »Stefan hat den Rasen gemäht.«
- Tanja: »Ich habe den Rasen nicht gemäht.«
- Stefan: »Max lügt, wenn er sagt, dass ich es war.«

Wer hat den Rasen gemäht? Wer hat die Wahrheit gesagt? Übrigens: Für die richtige Lösung dieser letzten Aufgabe bekommen Sie fünf Punkte.

Lösungen zur rechnerischen Intelligenz

Zahlenreihen (Test 165–174)

Für jede richtige Lösung bekommen Sie einen Punkt.

Test Nr.	Richtige Lösung	Gefunden?
165	A: Quadrat von 11 / 9 / 7 / 5 / 3 / 1	
166	C: jeweils +3	
167	A: jeweils +6 / –4 / +6 / –4 …	
168	D: zur vorhergehenden Zahl wird 1 / 2 / 3 / 4 / 5 addiert	
169	B: jeweils –2 / +4 / –2 / +4 …	
170	C: jeweils +12 / +15 / +18 / +21 / +24	
171	A: 2^2–2 / 2^3–3 / 2^4–4 / 2^5–5 / 2^6–6 / 2^7–7	
172	D: 1 × 1 × 1 / 2 × 2 × 2 / 3 × 3 × 3 / 4 × 4 × 4 / 5 × 5 × 5 / 6 × 6 × 6	
173	D: 1+1 / 3+3 / 5+5 / 7+7 / 9+9 / 11+11	
174	B: 5^2 / 6^2–1 / 7^2–2 / 8^2–3 / 9^2–4 / 10^2–5	
Ihre Summe		

Zahlenpaare (Test 175–190)

Für jede richtige Lösung bekommen Sie einen Punkt.

Test Nr.	Richtige Lösung	Gefunden?
175	18/12 – oben: jeweils –3; unten: jeweils +2	
176	12/17 – oben: jeweils +2; unten: jeweils +3	
177	16/8 – die untere Zahl ist die obere –8; oben: –17 / –15 / –13 …	
178	96/65536 – oben verdoppeln, unten quadrieren	
179	12/19 – untere Zahl das Doppelte der oberen –1 / –2 / –3 …	
180	57 – die untere Zahl ist stets um 16 größer als die obere	
181	13/10 – oben: +2 / +1 / +2 / +1 …; unten: jeweils +1	
182	1/2 – oben: –1 / –2 / –3 / –4 …; unten das Doppelte von oben	
183	14/16 – oben +2 / +3 / +2 / +3 …; unten: +3 / +2 / +3 / +2 …	
184	9/27 – oben: –1 / +2/ –3 / +4 / –5; unten: +1 / –2 / +3 / –4 / +5	
185	7/32 – unten verdoppelt	
186	21/31 – oben: +2 / +3 / +4 …; unten +3 / +4 / +5 …	
187	729/243 – oben: ×3; unten: obere Zahl dividiert durch 3	
188	–3/5 – oben: –2 / –3 / –2 / –3 …; unten: +2/ +3 / +2 / +3 …	
189	16/225 – oben: 9^2 / 8^2 / 7^2 …; unten: 10^2 / 11^2 / 12^2 …	
190	6/36 – unten: obere Zahl quadriert	
Ihre Summe		

Textaufgaben (Test 191–200)

Für jede richtige Lösung bekommen Sie einen Punkt, bei Test 200 jedoch fünf Punkte.

Test Nr.	Richtige Lösung	Gefunden?
191	Für die 125-Gramm-Tafel. Von dieser Schokolade kosten 100 Gramm 0,45 €, von der anderen dagegen 0,51 €.	
192	Gewinn, nämlich 9 €. Denn für ihn sind nur sein Einkaufs- und sein Verkaufspreis von Bedeutung. Wie sich der Wert der Aktie entwickelt, wenn er sie nicht besitzt, ist ohne Bedeutung.	
193	Ab drei Socken müssen zwei die gleiche Farbe haben. Um zwei schwarze Socken zu bekommen, muss Herr Maiser im ungünstigsten Fall alle grauen herausnehmen (acht), und dann noch mal zwei, die dann garantiert schwarz sind, insgesamt also zehn.	
194	Die 300-ml-Flaschen. Dieser Saft ist zwar teurer, aber es bleibt ihm mehr Restgeld zur eigenen Verwendung.	
195	Drei, nämlich ein Meerschweinchen, einen Hund und eine Katze.	
196	795 (200 : $^1/_4$ = 800; 800 – 5 = 795).	
197	Beide sind gleich ($^1/_{20}$).	
198	Herr Maiser möchte 200 km, also den Hin- und Rückweg, mit einer Durchschnittsgeschwindigkeit von 65 km/h zurücklegen, darf also dafür 184,6 Minuten verbrauchen (65 km/h bedeutet 65 km in 60 Minuten, 1 km in $^{60}/_{65}$ Minuten, 200 km in 200 × $^{60}/_{65}$ = 184,6 Minuten). Von diesen 184,6 Minuten, die Herrn Maiser zur Verfügung stehen, hat er auf dem Hinweg schon 100 Minuten verbraucht (bei seiner Durchschnittsgeschwindigkeit von 60 km/h auf dem Hinweg legte er 60 km in 60 Minuten zurück, 1 km in 1 Minute, die ge-	

Test Nr.	Richtige Lösung	Gefunden?
	samten 100 km in 100 Minuten). Er muss also den Rückweg in 84,6 Minuten schaffen. In 84,6 Minuten muss Herr Maiser 100 km fahren, in einer Minute also 100 : 84,6 = 1,18 km, in einer Stunde (60 Minuten) 1,18 × 60 = 70,8 km. Seine Durchschnittsgeschwindigkeit auf der Rückreise muss also 70,8 km/h betragen.	
199	Im August. Der Bambusschößling wächst jeden Monat einen Meter, braucht also fünf Monate, um 5 Meter hoch zu werden.	
200	Tanja hat den Rasen gemäht, Stefan sagt die Wahrheit. Am einfachsten und schnellsten lösen Sie die Aufgabe, indem Sie durchprobieren, wer die Wahrheit sagt. Es gibt folgende Möglichkeiten: a) Anke sagt die Wahrheit. Dann hat Max den Rasen gemäht. Max, Tanja und Stefan lügen. Max lügt, wenn er behauptet, Stefan habe den Rasen gemäht – o.k. Tanja lügt, wenn sie behauptet, sie habe den Rasen nicht gemäht, in Wahrheit hat sie ihn also gemäht. Es wäre aber Max gewesen laut Anke, von der wir angenommen haben, dass sie die Wahrheit sagt. Lösungsmöglichkeit a) scheidet also aus. b) Max sagt die Wahrheit. Dann hat Stefan den Rasen gemäht. Anke, Tanja und Stefan lügen. Anke lügt, wenn sie sagt, Max habe den Rasen gemäht – o.k. Tanja lügt, wenn sie sagt, sie habe den Rasen nicht gemäht, sie hat ihn also gemäht – Widerspruch! c) Tanja sagt die Wahrheit. Dann hat sie den Rasen tatsächlich nicht gemäht. Anke, Max und Stefan lügen. Anke lügt, wenn sie behauptet, Max habe den Rasen gemäht – Max scheidet also ebenso wie Tanja aus. Max lügt, wenn er sagt, Stefan habe den Rasen gemäht – Stefan scheidet also ebenfalls aus. Bliebe nur Anke. Stefan lügt, wenn er sagt: »Max lügt,	Achtung! Für die richtige Lösung dieser Aufgabe bekommen Sie 5 Punkte!

Test Nr.	Richtige Lösung	Gefunden?
(200)	wenn er sagt, dass ich es war«, in Wirklichkeit würde also Max nicht lügen. Es sagt jedoch nur einer die Wahrheit, und das wäre in dieser Annahme c) Tanja – Widerspruch. d) Stefan sagt die Wahrheit. Dann lügt Max tatsächlich, wenn er behauptet, Stefan habe den Rasen gemäht. Stefan war es also nicht. Wenn Stefan die Wahrheit sagt, dann lügen Anke, Max und Tanja. Anke lügt, wenn sie sagt, Max sei es gewesen. Max war es dann ebenso wenig wie Stefan. Max lügt, wenn er behauptet, Stefan sei es gewesen – o.k. Tanja lügt, wenn sie behauptet, sie habe den Rasen nicht gemäht, sie hat ihn also gemäht.	
Ihre Summe		

Bei den Tests für die rechnerische Intelligenz können Sie maximal 40 Punkte erreichen.

Tragen Sie nachfolgend Ihre Gesamtsumme für die rechnerische Intelligenz ein:

Diesen Wert übertragen Sie in die Gesamtauswertung auf Seite 97.

Ihr Ergebnis im IQ-Test

In diesem Kapitel können Sie das Ergebnis Ihres IQ-Tests berechnen. Vorab noch einige grundsätzliche Bemerkungen zur Bewertung der rechnerischen Ergebnisse.

Die Auswertung der Tests – der IQ – muss mit großer Vorsicht betrachtet werden. Das Ergebnis, das Sie erzielen, hängt von vielen einzelnen Variablen ab:

- Ihre Tagesform: Wir alle sind manchmal schneller und sicherer im Erfassen von Fragestellungen, rascher in den Lösungen, treffsicherer und effizienter, und zu anderen Gelegenheiten unsicherer und langsamer. Dies hängt mit persönlichen Schwankungen der Leistungsfähigkeit zusammen, aber auch mit der Tageszeit, Ihrer physischen und psychischen Verfassung und ob Sie gerade Lust hatten, diesen Test zu machen. Beispielsweise ist es wichtig, ob Sie ausgeschlafen haben oder einen kleinen Kater vom Alkoholkonsum am Vorabend haben. Viele Menschen sind vormittags am leistungsfähigsten. Sicher werden Sie nach einem reichlichen Mittagessen eher Konzentrationsschwächen haben, die zu Fehlern führen.

Einzelne Variablen beeinflussen das Testergebnis

- Intelligenz kann nicht exakt gemessen werden. Intelligenztests sind lediglich ein Versuch, sich an eine standardisierte Bewertung von Intelligenz heranzutasten. Jedoch spielen zu viele Variablen eine Rolle, als dass Intelligenz in ihrer ganzen Bandbreite wirklich exakt erfasst werden könnte.
- Neben Alter, Veranlagung etc. ist Intelligenz auch eine Frage des kulturellen Hintergrundes. In Intelligenztests ist es jedoch unvermeidbar, ein bestimmtes Grundwissen vorauszusetzen. Dieses Grundwissen variiert stark von Kultur zu Kultur, auch innerhalb von Mitteleuropa. Dieselbe Frage kann daher als sehr leicht oder sehr schwer empfunden werden, je nach kulturellem Hintergrund des Probanden.
- Viele Fragen setzen gewisse Fähigkeiten oder Lerninhalte voraus, die häufig noch auf den Schulunterricht zurückgehen. Wer bestimmte Sachverhalte oder Techniken, z. B. in der Mathematik, nicht gelernt oder wieder vergessen hat, wird entsprechende Aufgaben nicht lösen können. Das bedeutet jedoch nicht, dass seine rechnerische Intelligenz zwangsläufig niedriger ist.
- Intelligenztests sind auch Übungssache. Je öfter Sie solche Fragen vorgelegt bekommen haben, desto leichter erkennen Sie die zugrunde liegenden Muster und finden dar-

aufhin die Lösung. Der erste IQ-Test ist immer der schwerste. Deshalb können wir Ihnen in diesem Buch tatsächlich helfen, Ihren IQ zu verbessern. Wohlgemerkt: Ihren IQ, oder genauer gesagt, Ihr Abschneiden bei IQ-Tests. Die Lösung von entsprechenden Aufgaben ist trainierbar, das Gehirn macht dabei ein Fitnessprogramm durch. Dies bedeutet nicht, dass die Intelligenz zunimmt.

- Bei Intelligenztests unter Prüfungsbedingungen kommt ein Stressfaktor hinzu, der nicht zu unterschätzen ist. Was die Bewertung zusätzlich erschwert, ist die unterschiedliche Reaktion der verschiedenen Prüflinge auf diesen Stress: Während manche Menschen durch Stress zu höheren Leistungen angespornt werden, können andere in entspannter Atmosphäre bessere Leistungen erzielen.

Prüfungssituation führt zu erhöhtem Stress

- Unter Prüfungsbedingungen finden IQ-Tests mit Zeitlimit statt. Sie müssen also nicht nur die richtigen Lösungen finden, sondern auch schnell arbeiten. Wir haben in diesem Buch ganz bewusst darauf verzichtet, Zeitlimits vorzugeben. Vielmehr wollen wir Ihnen helfen, ein Gefühl für Intelligenztests und deren Fragen zu entwickeln und Ihre Fähigkeiten in IQ-Tests zu verbessern. Sie werden dann von ganz allein immer schneller werden. Bitte bedenken Sie jedoch bei der Auswertung Ihrer Ergebnisse, dass die IQ-Werte bei Tests unter echten Prüfungsbedingungen mit Zeitlimit erfahrungsgemäß niedriger liegen.

Die Berechnung

Tragen Sie nachfolgend Ihre Punktsummen aus den einzelnen Kapiteln ein. Beachten Sie bei der Berechnung, dass Ihre Punktsummen mit dem Korrekturfaktor multipliziert oder manchmal durch ihn dividiert werden müssen. Runden Sie Ergebnisse auf ganze Zahlen, also ab 0,5 auf die nächstgrößere Zahl, darunter auf die nächstkleinere Zahl.

Hinweis zur Gewichtung

Die maximale Punktzahl aus den vier Testbereichen beträgt 244 (optische Intelligenz: 120; praktische Intelligenz: 16;

sprachliche Intelligenz: 68; rechnerische Intelligenz: 40). Diese vier Bereiche werden nun gemäß ihrer Gewichtung in den üblichen IQ-Tests umgerechnet, d. h. mit einem Korrekturfaktor multipliziert oder dividiert. Hieraus resultiert eine maximale Punktzahl von 164.

Sie können jederzeit diese Korrekturfaktoren für sich ändern. Achten Sie aber bitte darauf, dass in keinem Fall mehr als 164 Punkte möglich sind. Bedenken Sie weiterhin, dass Sie hiermit das Ergebnis stark verändern, so dass es nicht mehr mit den gebräuchlichen IQ-Tests übereinstimmt.

Wie hoch wird die Punktzahl insgesamt sein

Summe Ihrer Punkte für die optische Intelligenz:

__________ **: 2,8 =** __________

Bitte runden Sie Ihre Ergebnisse auf ganze Zahlen

Summe Ihrer Punkte für die praktische Intelligenz:

__________ × **2,56 =** __________

Summe Ihrer Punkte für die sprachliche Intelligenz:

__________ **: 1,7 =** __________

Summe Ihrer Punkte für die rechnerische Intelligenz:

__________ × **1 =** __________

Ihr Gesamtergebnis (Summe): ________ (Maximum 164)

In der Tabelle auf Seite 158–159 sehen Sie, welchen IQ Ihre Punkte ergeben. Beachten Sie dabei die richtige Einordnung in die jeweilige Altersgruppe.

So verbessern Sie Ihren IQ-Wert

Wenn Sie Ihren IQ optimieren wollen, dann sollten Sie auf folgende drei Aspekte achten:

Optimale Bedingungen fördern das Gehirntraining

- Lernen Sie, die gängigen IQ-Testaufgaben möglichst gut zu beherrschen. Trainieren Sie sie wie ein Sportler. Auch wenn Sie zu Beginn noch mit Ihrer Leistung unzufrieden sind – üben und trainieren Sie. Im »Ernstfall« eines IQ-Tests werden Sie sehen, dass die Testaufgaben kaum noch Überraschungen für Sie darstellen. Nun sind Sie im Vorteil, denn Sie wissen, was auf Sie zukommt, und können gelassen und entspannt an die Lösung der Aufgaben gehen.
- Wie für alle Prüfungssituationen gilt auch bei IQ-Tests: Steigern Sie die Fitness ihres Gehirns. Steigen Sie ein in das Gehirnjogging, verlangen Sie möglichst viel von Ihrem »Gehirnmuskel«. Sie werden rasch feststellen, dass Sie immer schwierigere Aufgaben ohne Probleme lösen können. Machen Sie Ihren Alltag zum Trainingsfeld.
- Sorgen Sie für optimale Rahmenbedingungen, damit Sie Ihr Potential voll ausschöpfen können. Mangelernährung, Stress, Motivationsmangel, Übermüdung oder psychische Labilität wirken sich negativ auf Ihre Leistung und damit auf Ihr IQ-Ergebnis aus. Achten Sie daher darauf, vor einem IQ-Test all diese negativen Einflüsse so weit wie möglich zu beseitigen.

Das Lernen lernen

Richtig lernen will gelernt sein. Ob Sie für einen IQ-Test üben, für eine Prüfung lernen oder für einen anderen Zweck, stets sollten Sie versuchen, effizienter, mit mehr Freude und mit mehr Erfolg zu lernen. Dazu einige Anregungen, wie Sie besser und effektiver lernen können:

- Motivieren Sie sich selbst: Lassen Sie Unlust und Abneigung gegenüber der jeweiligen Aufgabe erst gar nicht aufkommen. Mit ein bisschen gutem Willen können Sie stets auch interessante Seiten daran entdecken.
- Gönnen Sie sich ab und zu eine kleine Belohnung, wenn Sie einen Abschnitt erfolgreich beendet haben.
- Setzen Sie sich ein Ziel, auf das Sie hinarbeiten, und geben Sie dem Lernen einen praktischen Sinn und Nutzen – wie wäre es z. B. mit einen Urlaub in dem Land, dessen Sprache Sie gerade lernen?
- Sorgen Sie dafür, dass Sie Freude am Lernen haben – das erhöht die Wirksamkeit.
- Lernen Sie rationell: Finden Sie effiziente Informationsquellen. Besorgen Sie sich Ihre persönlichen Nachschlagewerke, und stellen Sie diese in Griffnähe auf.

Mit Freude und vor allem mit Erfolg lernen

- Profitieren Sie von den Erfahrungen anderer, um nicht unnötig Fehler zu wiederholen.
- Versuchen Sie, Interesse am Inhalt der jeweiligen Aufgabe zu finden.
- Beobachten Sie den Vorgang des Lernens, und ziehen Sie regelmäßig Bilanz über Ihren Fortschritt.
- Versuchen Sie, Wesentliches von Überflüssigem zu unterscheiden, und belasten Sie sich auf keinen Fall mit unnötigem Ballast.
- Lernen Sie, die richtigen Fragen zu stellen, und gehen Sie diesen dann konsequent nach.
- Bleiben Sie nicht auf halbem Weg stehen, und geben Sie sich nicht mit halben Antworten zufrieden – das zerstört die Neugier und die Motivation.
- Entwickeln Sie mehr Selbstvertrauen.
- Achten Sie auf eine richtige Arbeitseinteilung. Stress und Überforderung machen das Lernen ineffizient.
- Finden Sie heraus, wann während des Tages Sie Ihre besten Arbeitszeiten haben und wann regelmäßig Konzentrationstiefs auftreten. Planen Sie Ihr Lernen und Üben entsprechend, und reservieren Sie die entsprechenden Tageszeiten dafür.

- Legen Sie kleine Pausen ein – dies wirkt oft Wunder, wenn die Konzentration nachlässt oder sich Müdigkeit einstellt.
- Erkennen Sie den eigenen Lernrhythmus, und wenden Sie ihn konsequent an.
- Zerlegen Sie große Aufgaben in kleinere Schritte, damit sie überschaubarer werden. Auf diese Weise können Sie Zwischenerfolge verzeichnen und verlieren nicht so schnell den Mut.
- Sorgen Sie für genügend Sauerstoff. Wichtig sind regelmäßiges Lüften, richtiges Atmen und Kleidung, die Sie beim Atmen nicht behindert.
- Sorgen Sie für die richtige Raumtemperatur, gute Beleuchtung und eine angenehme Atmosphäre.

Gehirnjogging zur Leistungssteigerung

Der IQ-Wert lässt sich mittels Übung erhöhen

Denken, Lernen und Merken sind reine Übungssache. Auch Ihr errechneter IQ-Wert ist nicht unveränderbar, sondern lässt sich steigern. Stellen Sie sich das Gehirn wie einen Muskel vor, der umso stärker und leistungsfähiger wird, je mehr er gefordert wird. Je öfter Sie Gehirnjogging betreiben, desto rascher gelangen Sie zu »olympischen« Leistungen. Jede Testaufgabe und jedes Rätsel bringen Sie weiter.

Trainingsplatz: Alltag

Versuchen Sie auch Ihren Alltag zum Trainingsplatz für Ihr Gehirn zu machen. Modifizieren Sie die Aufgaben dieses Buches, und machen Sie möglichst oft Denk- und Rechenspiele, wo auch immer Sie gerade sind:

- in der U-Bahn
- auf der Autobahn
- in der Kantine
- im Supermarkt
- in geselliger Runde
- während der Wartezeiten beim Arzt

Denken Sie sich neue Aufgaben aus, und testen Sie auch mal Ihre Freunde und Verwandten damit.

POSITIVE LEBENSEINSTELLUNG

Positives Denken ist die Wunderwaffe gegen Versagensangst, Stress, Lustlosigkeit und Verbissenheit bei der Lösung alltäglicher Aufgaben. Auch ein IQ-Test geht mit einer positiven Lebenseinstellung viel leichter von der Hand.
Versuchen Sie, den negativen Seiten des Lebens und den Schwierigkeiten von Alltag und Beruf weniger Raum zu geben. Freuen Sie sich stattdessen an der Sonne und den kleinen Freuden des Alltags, an der Familie und den Freunden. Blicken Sie positiv in die Zukunft, denken Sie z. B. an einen Kinobesuch oder den kommenden Urlaub. Sie tun sich selbst den größten Gefallen dabei, weil Sie Ihre eigene Lebensfreude damit steigern. Sie werden rasch feststellen, dass Ihre positive Ausstrahlung von allen nur erdenklichen Seiten zu Ihnen zurückkommt.

Lebensfreude erleichtert das Gehirntraining

STRESS VERMEIDEN

Müsste auch Ihr Tag 36 Stunden haben? Dann sind Sie ein Kandidat für Magengeschwüre, Herzrhythmusstörungen, Konzentrationsprobleme und Gedächtnisstörungen. Zwei von drei Bundesbürgern klagen über Stress.
Häufig ist dieser Stress jedoch gar nicht nötig oder sogar gewollt, denn Stress ist auch ein Statussymbol. Ganz »wichtige« und unersetzliche Menschen haben besonders viel Stress. Aber niemand ist unersetzlich. Dies wird jedoch häufig erst dann akzeptiert, wenn der überstrapazierte Körper und die geschundene Psyche nicht mehr mitmachen.

Leistungstiefs durch Stress

Weniger ist mehr

Der bessere Weg ist, vorher loszulassen, abzugeben, mehr im Team zu arbeiten und auch anderen oder jüngeren Mitarbeitern Verantwortung und eine Chance zu geben.
Was vielfach übersehen wird, ist die Leistungsminderung durch Stress. Bei IQ-Tests wird ganz deutlich: Stress führt zu einem schlechteren Abschneiden im Test. Im Alltag ist dies

nicht viel anders. Deshalb ist weniger mehr – mehr Qualität in der Arbeitsleistung und mehr Lebensqualität.
Denken Sie öfter einmal an Balu, den Bären aus dem »Dschungelbuch« – »Probier's mal mit Gemütlichkeit«.

Gedächtnis und Konzentration

So wie es keinen IQ gibt, der sich nicht durch Training verbessern ließe, so gibt es auch kein angeborenes schlechtes Gedächtnis. Das Gedächtnis ist ebenfalls eine Leistung Ihres »Gehirnmuskels«. Wenn es nicht benutzt und nicht gefordert wird, dann erschlafft es. Wird das Gedächtnis jedoch ausreichend trainiert, dann wird es immer leistungsfähiger.
Für das Gedächtnistraining gibt es eine Vielzahl an Übungen, die Sie in entsprechenden Büchern finden können. Außer für genügend Übung müssen Sie jedoch auch dafür sorgen, dass die Rahmenbedingungen für Ihr Gehirnjogging stimmen – Dinge wie richtige Ernährung und richtiges Lernen, Motivation und Konzentration.

Schwächen lassen sich beheben

Gerade die Konzentration ist eine entscheidende Voraussetzung für den effizienten Einsatz Ihres Gehirns. Viele Einflüsse führen dazu, dass wir nicht konsequent an einem Problem weiterdenken können.
Störungen von außen, wie das klingelnde Telefon oder der hereinplatzende Mitarbeiter, sind zwar unangenehm, jedoch findet sich für solche Fälle noch vergleichsweise leicht eine praktische Lösung.
Viel schwieriger ist es, das Abschweifen der eigenen Gedanken in den Griff zu bekommen. Häufig liegt die Ursache für die Konzentrationsschwäche in der eigenen Lustlosigkeit und der mangelnden Motivation. Denn wenn uns eine Aufgabe so richtig gepackt und begeistert hat, dann haben wir schwerlich mit mangelnder Konzentration zu kämpfen. Abhilfe kann in solchen Fällen oft schon diese Erkenntnis schaffen – mit ein bisschen Eigenmotivation und positiver Einstellung gegenüber der Aufgabe verschwindet oft die Konzentrationsschwäche. Und eine in Aussicht gestellte

kleine Belohnung an uns selbst – eine Tasse Kaffee oder ein Kinobesuch – kann Wunder wirken.
Wichtig sind wie beim Lernen die Rahmenbedingungen. Eine angenehme Arbeitsatmosphäre und sinnvolle Pausen schaffen die Voraussetzung, Konzentrationsschwächen einzudämmen.
Erzwingen lässt sich wenig. Oft ist es dann besser, abzubrechen und erst einmal abzuschalten, auszuruhen und mit neuem Schwung wieder anzufangen.

Richtige Ernährung

Fitness fürs Gehirn

Wie jedes andere Organ auch braucht das Gehirn den richtigen »Brennstoff«, wenn es seine volle Leistung entfalten soll. Eine vernünftige und ausgewogene Ernährung ist daher entscheidend für erfolgreiches Lernen und gute Gedächtnisleistungen.

Eine gute Ernährung schafft die Basis

Vor allem Vitamine und Mineralien halten Ihr Gehirn fit. Körperliche und geistige Leistungskraft sind direkt abhängig von der Versorgung des Körpers mit Vitaminen und Mineralien.

Das richtige Maß

Wichtig ist dabei, dass Ihr Körper ausreichend mit Vitaminen und Mineralstoffen versorgt ist. Der Satz »Viel hilft viel« gilt hier jedoch nicht: Eine Überversorgung bringt keine weitere Verbesserung Ihrer Lern- und Konzentrationsleistung. Vielmehr kann ein Überschuss an bestimmten Vitaminen und Mineralstoffen zu Problemen bis hin zu Vergiftungen führen. Achten Sie daher in erster Linie auf eine ausgewogene und damit gesunde Ernährung.

Formen von Intelligenz

Gezieltes Training einzelner Bereiche

Intelligenzbereiche grenzen sich nicht deutlich ab

Es gibt viele menschliche Tätigkeiten, die mehreren dieser Intelligenzformen zuzuordnen sind, und andererseits viele intelligente Manifestationen, für die es schwer fällt, eine Kategorie zu finden. Die Intelligenzforschung steht immer noch am Anfang. Bislang gibt es nur erste Versuche, Kategorien zu bilden und auf deren Basis Tests zu entwickeln, die eine Quantifizierung (Messung) der menschlichen Intelligenz ermöglichen sollen.

Im Folgenden werden die einzelnen Ausdrucksformen der Intelligenz vorgestellt und zugleich auch Beispiele und Übungen vermittelt, wie man den jeweiligen Intelligenzbereich gezielt fördern und sich in aller Ruhe auf die Aufgaben eines Intelligenztests vorbereiten kann.

Rechnerische Intelligenz

Diese Form der Intelligenz wird auch häufig als logisch-mathematische Intelligenz bezeichnet. Damit werden folgende Fähigkeiten umschrieben:

- abstrakte Fragestellungen zu analysieren
- logisch zu denken
- Problemstellungen in Form einer mathematischen Gleichung zu lösen

Basis für viele Wissenschaftszweige

Diese Fähigkeit ist für viele Wissenschaftszweige eine wesentliche Voraussetzung, bilden doch mathematische Grundlagen die Basis vieler anderer Wissenschaften. Mathematik fungiert in diesen Fällen als Hilfswissenschaft. So wie jedoch die mathematisch-logische Komponente in der Wissenschaft meist nur einen Teilbeitrag zur Lösung von Problemen leisten kann, so stellt auch in anderen Bereichen des Lebens die rechnerische Intelligenz nur einen Ausschnitt aus den menschlichen Fähigkeiten zur Problemlösung dar.

Rechnerische Intelligenz im Alltag

Ein paar Beispiele aus dem Alltag machen die Aufgaben der rechnerischen Intelligenz deutlich. Sie besitzen eine besonderes hohe rechnerische Intelligenz, wenn Sie z. B.:

- bei Ihren Versicherungen den Überblick behalten und unnötige Kosten durch Überversicherung vermeiden.
- in Fragen von Krediten und Kapitalanlagemöglichkeiten aus den Angeboten verschiedener Banken die günstigsten Lösungen finden.
- sich im Supermarkt rasch die Preise von Produkten merken und sie vergleichen können.
- beim Anmieten eines Leihwagens rasch entscheiden können, ob Sie mit oder ohne Kilometerpauschale besser wegkommen.
- Mengenangaben bei Kochrezepten leicht auf eine andere Zahl von Gästen umrechnen können.
- bei der Abrechnung von Heizkosten und Mietnebenkosten den Überblick behalten.
- bei der Buchung einer Pauschalreise auch die versteckten oder nicht genannten Zusatzkosten bewerten und klug auswählen können.

Rechnerische Intelligenz im Alltag

Diese Liste der Beispiele ließe sich noch lange fortsetzen. Im Alltag geht es ja häufig darum, Textaufgaben zu lösen – jene Textaufgaben, die Ihnen vielleicht schon in der Schulzeit leicht von der Hand gingen und Spaß machten und die andere zur Verzweiflung trieben.

Wenn Sie leicht mit Zahlen umgehen können

Am deutlichsten äußert sich die rechnerische Intelligenz natürlich im direkten Umgang mit mathematisch-logischen Fragestellungen. Ihre mathematische Intelligenz ist dann besonders hoch, wenn Sie:

- mit Zahlen, rechnerischen Problemen und abstrakten Symbolen geistig sehr beweglich sind.
- bei Rechenaufgaben leicht »Abkürzungen« finden, also einfache Lösungswege.
- sich mathematische Beweise, Formeln und Rechenregeln gut merken können.
- Einzelfälle verallgemeinern und daraus Regeln ableiten können.
- Einzelfälle als Spezialfall eines allgemeinen Problems erkennen.
- formale Strukturen rasch erkennen, etwa bei Textaufgaben, und sich nicht von unwichtigem Beiwerk ablenken lassen.

Schulen Sie Ihre rechnerische Intelligenz

Übungsmöglichkeiten

Gerade diese Intelligenzform ist besonders gut trainierbar. Sei es Kopfrechnen, Merken von Zahlen oder Lösen von Knobeleien und Textaufgaben: Je mehr Sie davon machen, desto rascher und leichter gehen Ihnen die Aufgaben von der Hand.

Knobeleien

Knobeleien sind das ideale Training für Ihr Gehirn. Egal ob es um das Lösen von Textaufgaben, das Erkennen von Zahlenmustern oder logische Kombinationen geht – hier können Sie Ihre rechnerische Intelligenz so richtig auf die Probe stellen, aber auch durch Übung verbessern.

Übung: Können Sie kombinieren?

Sehen Sie sich einmal die folgende Zahlenreihe an:

5	**14**	**9**
13	**21**	**8**
9	**28**	**?**

Können Sie die fehlende Zahl ergänzen? Es ist ganz einfach, wenn Sie das der Zahlenreihe zugrunde liegende Muster erkannt haben. Die Zahlen können entweder horizontal oder vertikal verknüpft sein.
Prüfen Sie, ob Sie innerhalb der einzelnen Spalten eine Gesetzmäßigkeit finden.

Rechnerische Muster rasch erfassen

5 – 13 – 9: Ergibt sich eine dieser Zahlen aus der Summe oder der Differenz der anderen beiden? Kann vielleicht ein Produkt zugrunde liegen? Prüfen Sie auch die mittlere Spalte, ob Sie auf ein logisches Muster stoßen. Wenn dies nicht der Fall ist, so versuchen Sie es mit den Zeilen:
5 – 14 – 9: Können Sie hier einen Zusammenhang erkennen? Richtig, die mittlere Zahl 14 ist die Summe der beiden äußeren, 5 + 9. Prüfen Sie nun, ob dieses Muster auch für die zweite Zeile zutrifft. Wenn ja, dann haben Sie die Regel gefunden und können das Fragezeichen in der dritten Zeile durch die Zahl 19 ersetzen.
Noch eine weitere Aufgabe?

Übung: Welche Zahl wird gesucht?

4	18	8
17	?	11
12	10	8

Auch diese Aufgabe können Sie mit etwas Übung rasch lösen. Die Summe jeder Zeile ergibt die Zahl 30, die gesuchte Zahl ist also die 2.

Hinweis: Nicht immer haben solche Knobelaufgaben nur eine mögliche Lösung. Alle logischen Lösungsmöglichkeiten sollten daher auch gültig sein.

Merken von Zahlen

Manche Menschen haben ein ausgesprochenes »Zahlengedächtnis«. Diesen Menschen fällt es leicht, sich Zahlen zu

merken. Andere wiederum verzweifeln fast, weil sie schon wieder die Geheimnummer für den Geldautomaten vergessen haben oder ihnen die eigene Telefonnummer partout nicht einfallen will.
Wenn Sie ein Zahlengedächtnis haben, dann werden Ihnen die entsprechenden Tests besonders leicht fallen. Aber alle anderen haben duchaus keinen Grund zu resignieren – ganz im Gegenteil: Wenn Sie glauben, sich Zahlen schlecht merken zu können, dann ist es besonders wichtig für Sie, dies gezielt zu trainieren.

Merkhilfen

Der Trick, damit Sie eine Zahl leichter behalten können, besteht darin, dass Sie einen persönlichen Bezug zu dieser Zahl aufbauen:

Das Zahlengedächtnis trainieren

- Sie können die Zahl plastisch vor sich sehen – so als stünde sie in der Luft geschrieben.
- Als nächsten Schritt suchen Sie nach Mustern, die Ihnen das Merken erleichtern. Untergliedern Sie die Zahl in Gruppen. Wählen Sie diese Gruppen so aus, dass sich Merkhilfen ergeben.
- Solche Merkhilfen können auf- oder absteigende Reihen sein (2 – 4 – 6 oder 7 – 6 – 5) oder Zahlenpaare, die sich zu 10 summieren (3 – 7, 2 – 8, 4 – 6 usw.). Ein Zahlenpaar, das besonders leicht zu merken ist, ist 6 – 9.
- Besonders leicht wird es Ihnen fallen, sich solche Zahlen zu merken, zu denen Sie einen persönlichen Bezug haben. Sie müssen diesen Bezug allerdings erkennen und als Merkhilfe festhalten, ehe die Zahl an Ihnen vorbeigerauscht und »unpersönlich« geblieben ist. Ein solcher persönlicher Bezug könnte z. B. Ihr Geburtsdatum sein. Aber auch Ihre Telefon- oder Hausnummer, Ihre Postleitzahl oder Ihr Autokennzeichen kann Sie beim Zahlenmerken unterstützen.

Der persönliche Bezug zu Zahlenkombinationen hilft

- Sicherlich erinnern Sie sich noch aus dem Geschichtsunterricht an einige Jahreszahlen: 1492 für die Entdeckung Amerikas, 1789 für die Französische Revolution, 1945

Ende des Zweiten Weltkriegs usw. Wo immer in einer längeren Zahl eine solche Zahlengruppe vorkommt, können Sie sich leicht eine Merkhilfe einbauen.

Lieblingszahlen und persönliche Assoziationen

- Andere Merkhilfen bekommen wir aus dem Mathematikunterricht: Sicherlich erinnern Sie sich noch an die Kreiszahl π (3,14), und vielleicht wissen Sie auch noch mehrere Stellen hinter dem Komma. Eine weitere Zahl, die Sie in der Schule vielleicht wie im Schlaf gewusst haben, ist die Gravitationszahl 9,81.
- Manche Menschen haben auch Lieblingszahlen. Stellen Sie, wenn eine Ihrer Lieblingszahlen in der sich zu merkenden Zahl vorkommt, die übrigen in einen Zusammenhang zu dieser Lieblingszahl. Dafür ist eine geschickte Gruppierung immer der erste Schritt.

So gruppieren Sie Zahlen richtig

Sie können die Zahlenfolge 33642642 ganz unterschiedlich gruppieren. Je nachdem, wie Sie diese Folge gruppieren, ist sich die Zahl leichter, schwerer oder auch fast gar nicht zu merken.

a) 33 642 642 (leicht zu merken)
b) 3 36 24 64 2 (schwer zu merken)
c) 33 64 26 42 (schwer zu merken)
d) 33 6 42 6 42 (leicht zu merken)

Hinzu kommen noch Ihre persönlichen Assoziationen. Deshalb muss die erste Gruppierungsmöglichkeit, die für die Mehrzahl der Menschen die einfachste sein dürfte, für Sie persönlich keineswegs die beste Merkhilfe sein.
Letzten Endes ist das der Grund dafür, weshalb wir alle Zahlen nach unterschiedlichen Mustern anordnen und uns merken. Jeder Mensch hat andere Muster in seinem Kopf, andere Zahlen, Kombinationen, Vorlieben und auch Abneigungen.
Kombinieren Sie neue Zahlen mit Ihren persönlichen bekannten Mustern.

Tipps für Merkhilfen bei Zahlen
Hier finden Sie einige Vorschläge, wie Sie sich Zahlen leichter merken können, indem Sie sie mit bekannten Zahlen verbinden. Folgende Zahlen(kombinationen) kommen in Frage:

- ❑ Ihr Alter
- ❑ Ihr Geburtsdatum
- ❑ Ihre Telefonnummer
- ❑ Ihre Hausnummer
- ❑ Ihre Postleitzahl
- ❑ Ihr Autokennzeichen
- ❑ Ihr Blutdruck
- ❑ Ihre Miete
- ❑ Geschichtszahlen
- ❑ Umrechnungsfaktoren
- ❑ Kreiszahl π
- ❑ Gravitationszahl
- ❑ Zahlenreihen aufsteigend und absteigend
- ❑ Zahlenpaare, die sich zu 10 summieren
- ❑ Summen, Differenzen, Faktoren, Quadrate usw.

Kreuzen Sie an, welche Gedächtnisstütze beim Zahlenmerken Sie heute schon verwendet haben!
Finden Sie weitere Zahlen, zu denen Sie eine Beziehung haben.

Welche Merkhilfe Sie verwenden, ist gleichgültig. Wichtig ist nur, dass Sie überhaupt eine Merkhilfe verwenden, dass Sie ganz bewusst eine solche suchen und anschließend auch anwenden.

Merkhilfen bewusst einsetzen und schulen

Dies wird Ihnen umso leichter fallen, je besser Sie sich Ihres Arsenals an persönlichen Merkhilfen bewusst sind. Suchen Sie möglichst häufig neue Merkhilfen. Machen Sie es sich zur Gewohnheit, Zahlen, die Ihnen im Laufe des Tages begegnen, daraufhin zu analysieren, wie Sie sich sie am besten merken könnten.

Übung: Zahlen gliedern und merken

Versuchen Sie doch einmal, sich die Zahl

16819714281789

zu merken. Sie werden sehen, dass es gar nicht so schwierig ist. Fangen Sie an, die Zahl in sinnvolle Gruppen aufzuteilen:

16 81 9 7 14 28 1789

Die erste Zahlenreihe, 16 81 9, stellt jeweils die Quadrate von 4, 9 und 3 dar: $4^2 - 9^2 - 3^2$.

Die nächste Zahlenreihe, 7 14 28, ist jeweils die Verdoppelung der Zahl 7: also $7 - 2 \times 7 - 4 \times 7$.

Als Letztes folgt 1789, das Jahr der Französischen Revolution. Sie können sich also merken:

$4^2 - 9^2 - 3^2$

$7 - 2 \times 7 - 4 \times 7$

Französische Revolution

Auch Kopfrechnen ist weitestgehend Übungssache. Um ein schneller Kopfrechner zu werden, müssen Sie ähnlich wie beim Merken von Zahlen versuchen, sinnvolle Gruppen zu kombinieren und geschickt nach Vereinfachungen zu suchen. Kurz: Sie müssen sich von der Reihenfolge der Zahlen oder vorgegebenen Rechenoperationen etwas lösen.

Sinnvolle Gruppierungen beim Kopfrechnen

Tricks für schnelles Kopfrechnen

73 – 19	Rechnen Sie: 73 – 20 (53), zählen Sie dann 1 dazu
39 +17	Ähnliches Vorgehen: 40 + 17 (57), dann 1 abziehen
19 x 7	Rechnen Sie: 20 × 7 (140), ziehen Sie dann 1 × 7 ab (133)
32 + 28	Zehner und Einer getrennt summieren: 30 + 20 = 50, 2 + 8 = 10, Summe = 60
300 : 50	Rechnen Sie: 300 : 100 = 3, dann verdoppeln
17 x 5	Analoges Verfahren: 17 × 10 = 170, halbieren (85).

Tipp: Alle Multiplikationen mit 5 rechnen Sie als Multiplikation mit 10 und halbieren dann; alle Divisionen durch 5 rechnen Sie als Divisionen durch 10 und verdoppeln anschließend.

7 × 6 × 5 Rechnen Sie: zuerst 6 × 5 = 30, dann × 7 (210)

35 × 3 : 7 Stellen Sie um, und rechnen Sie: 35 : 7 = 5, dann × 3 = 15

Bei allen Fällen, in denen mehrere Zahlen miteinander multipliziert und anschließend dividiert werden sollen, ist es hilfreich, sich die Zahlen über und unter einen Bruchstrich zu schreiben (oder vorzustellen). Dann können Sie oft kürzen, und die Aufgabe löst sich meist wie von allein.

Übungsmöglichkeiten im Alltag

Haben Sie heute schon Ihre rechnerische Intelligenz geschult?

- Bilden Sie die Quersumme von Autokennzeichen.
- Berechnen Sie ganz rasch und effizient (mit System), wie viele Fenster das Haus gegenüber hat.
- Stellen Sie im Kopf einige Berechnungen an.
- Prüfen Sie mehrere Zahlenreihen auf Merkhilfen.
- Berechnen Sie die Quersumme Ihrer Telefonnummer im Kopf.
- Sagen Sie mindestens sechs Telefonnummern auswendig auf; bitte versuchen Sie dies alle drei Tage um eine Telefonnummer zu steigern!
- Der wievielte Tag im Jahr ist heute? Nicht im Kalender nachschauen. Addieren Sie im Kopf die Monate bis zum heutigen Tag.
- Wie viele Tage hat das Jahr noch?
- Prüfen Sie einmal im Kopf, ob sich der Tachostand durch drei teilen lässt.
- Wie viel Benzin verbraucht Ihr Auto? (Getankte Liter durch gefahrene Kilometer x 100 = Liter auf 100 km)

- Übersetzen Sie Ihren Vornamen (und auch andere Wörter) in eine Zahlenfolge, die sich aus den Rangnummern der einzelnen Buchstaben im Alphabet ergibt.
- Lesen Sie im Kopf Ihre Telefonnummer rückwärts – aber ohne die (richtige) Nummer geschrieben vor sich zu sehen.
- Überlegen Sie sich angesichts der Zahlentastatur eines Tastentelefons oder eines Taschenrechners, wie Sie die Zahlenspalten oder Zahlenzeilen am schnellsten aufaddieren könnten.
- Bilden Sie beim Einkaufen die Quersummen aller Preise, die in Ihr Blickfeld kommen.
- Rechnen Sie im Supermarkt einmal aus, welcher Käse der billigere ist – ohne auf die Kilopreise zu schauen.
- Wie viele Tage sind Sie älter oder jünger als Ihre Geschwister?

Sprachliche Intelligenz

Diese Intelligenzart nimmt im menschlichen Leben eine zentrale Stellung ein, da sie die Voraussetzung für rasche und sichere Kommunikation darstellt. Viele andere Formen der Intelligenz können ohne die sprachliche Intelligenz nicht effizient genutzt werden. Denn unsere Fähigkeiten werden den Mitmenschen zu einem guten Teil über die Sprache präsentiert. Denken Sie nur an folgende Situationen:

Sprache gehört zum Grundwerkzeug

- Bewerbungsgespräch
- mündliche Prüfung
- geschäftliche Besprechungen
- Diskussion im Verein

In vielen Bereichen des Berufslebens ist Sprache das tägliche Arbeitswerkzeug. Trotz Bilderflut und neuer Medien werden die meisten Produkte durch sprachliche Kommunikation verkauft. Beratung, Überzeugung, Motivation, Diskussion um

kontroverse Sachverhalte – all dies ist ohne menschliche Sprache nicht möglich. Sie müssen kein Journalist oder Werbetexter sein, um die Abhängigkeit von der Sprache hautnah zu empfinden.
Menschliche Kultur ist ohne Sprache einfach nicht denkbar. Es gibt und gab zwar viele Kulturen ohne Schrift, nicht aber ohne Sprache.

Erfolgreich kommunizieren durch sprachliche Kompetenz

Zielgerichtete Kommunikation

Je höher die sprachliche Intelligenz, desto leichter fällt die zielgerichtete Kommunikation. Nicht nur Informationen werden dann korrekt übermittelt, was für das reibungsarme Zusammenleben von großer Bedeutung ist. Viel wichtiger ist noch, dass wir durch die Sprache unsere Mitmenschen dazu bringen können, das zu tun, was wir gerne möchten. Je höher die sprachliche Intelligenz, desto leichter gelingt es, das eigene Leben erfolgreich zu gestalten, sowohl beruflich wie auch privat.
Und selbst in Wissensbereichen wie Mathematik oder Physik sind die sprachlichen Fähigkeiten ebenso von entscheidender Bedeutung.
Die Kunst, andere Menschen durch die Sprache zu beeinflussen – die Kunst der Rhetorik –, wurde schon in der Antike entwickelt. Heute begegnet sie uns auf Schritt und Tritt: in der Betriebs- oder Vereinsbesprechung, im Wahlkampf oder in der Werbung.
Rhetorik kann – und soll – häufig manipulieren. Je höher das Gefälle zwischen der sprachlichen Intelligenz des Redners und derjenigen der Zuhörer, desto leichter kann es zur Manipulation kommen.

Die Kunst des Erinnerns und Erzählens

Eine wichtige Komponente der sprachlichen Intelligenz ist das Gedächtnis. Ohne dessen Leistungsfähigkeit kann sich die sprachliche Intelligenz nicht entfalten. Umgekehrt unterstützt die Sprache die Gedächtnisleistung ganz entscheidend, von der Wegbeschreibung bis zum Kochrezept, vom Gedicht bis zur Spielregel.

In allen Völkern dieser Welt, die keine Schrift besitzen, spielt die Sprache die entscheidende Rolle bei der Bewahrung der Kultur: Sie wird mit Hilfe des sprachlichen Gedächtnisses weitergegeben.

Sprache als Kulturträger

Die Tradierung, also die Weitergabe der Mythen, der Geschichte und der Wertvorstellungen eines Volkes, erfolgt also mündlich, durch ständiges Wiedererzählen.

Aktivieren Sie Ihre sprachliche Intelligenz

Diese Intelligenzform bezieht sich auf das gesamte Spektrum des Umgangs mit der Sprache:

- Wortschatz
- Sprachgefühl
- rasches Erfassen und Merken von Worten und Sätzen
- differenzierte und genaue Ausdrucksweise

Nicht nur von Dichtern und Autoren erwartet man ein hohes Maß an sprachlicher Intelligenz. Für viele Berufe ist sie eine absolute Voraussetzung: Journalisten, Dozenten, Texter, Werbeleute, Redakteure, Marketingmenschen – kurz alle, für die die Sprache zum täglichen Handwerkszeug gehört.

Heikle Situationen im Beruf souverän meistern

Sprachliche Intelligenz ist entscheidend für unsere Fähigkeit, in angemessener Form mit unseren Mitmenschen kommunizieren zu können. Besonders für Führungsaufgaben ist sprachliche Intelligenz unerlässlich.

Sprachliche Kompetenz ist im Beruf unerlässlich

Nur durch treffende, logische und geschickte Formulierung können Sie Ihre Kollegen in einer Konferenz von Ihren Ideen überzeugen, nur durch differenzierte Wortwahl meistern Sie den Umgang mit Mitarbeitern und Vorgesetzten, vor allem in Konfliktsituationen.

Übung: den Wortschatz schulen

Wie heißt das Wort, dem alle diese Buchstaben vorangestellt werden können, um neue Wörter zu bilden?

Str – ___ ___ ___ ___

Qu – ___ ___ ___ ___

Z – ___ ___ ___ ___

D – ___ ___ ___ ___

H – ___ ___ ___ ___

Lösung

Es ist das Wort »Ecke«.

Lösungsstrategie

Den Wortschatz schulen

Hilfreich dabei ist es, den ersten Buchstaben des gesuchten Wortes einzugrenzen. Während ›D‹ auch noch ein ›r‹ zulassen würde oder auf ein ›Z‹ auch ein ›w‹ folgen kann, so ermöglichen die Vorsilben ›Str‹ und ›Qu‹ nur noch einen Vokal. Gehen Sie einfach systematisch die fünf Vokalmöglichkeiten durch:

a:	Stra-	Qua-	Za-	Da-	Ha-
e:	Stre-	Que-	Ze-	De-	He-
i:	Stri-	Qui-	Zi-	Di-	Hi-
o:	Stro-	Quo-	Zo-	Do-	Ho-
u:	Stru-	Quu-	Zu-	Du-	Hu-

Bilden Sie Wörter wie Straße, Strippe usw. Prüfen Sie, ob die anderen Buchstaben einen Sinn ergeben würden. Folgen Sie dabei diesem Muster:

Straße Quasse Zasse Dasse Hasse

Mit dieser Technik kommen Sie rasch zur richtigen Lösung.

Übung: Hier kam einiges durcheinander
Welches Wort bezeichnet mit Sicherheit keine Stadt in Deutschland?

ZLOBKEN
TERRI
NONB
BURAGMH
RENIBL
RICKUBSNN
VONNAHER
MUCHOB

Lösung
Die gesuchte Stadt bei dieser Übung heißt INNSBRUCK.
Die Städte in Deutschland sind (in dieser Reihenfolge): KOBLENZ, TRIER, BONN, HAMBURG, BERLIN, HANNOVER und BOCHUM.

Richtiges Sprachgefühl

Hat Ihnen das Knobeln Spaß gemacht? Dann lösen Sie gleich das nächste Problem. Versuchen Sie dabei, möglichst schnell und ohne langes Überlegen zu arbeiten. Bei dieser Aufgabe geht es darum, den Sinn von Wörtern intuitiv richtig und präzise einzuordnen.

Übung: Wörter mit Gefühl
Kreuzen Sie diejenigen Wörter in der Liste an, die sich in erster Linie auf die Gefühlswelt beziehen.

a) schlau	b) Angst	c) freuen
d) Mitleid	e) denken	f) traurig
g) unbeherrscht	h) Liebe	i) klug
k) ästhetisch	l) Fanatismus	m) warm
n) lernen	o) berechnen	p) Analyse
q) Intuition	r) logisch	s) Intellekt

Lösung

Mehr mit Gefühl haben die Worte b, c, d, f, g, h, k, l, m, q zu tun.

War Ihre Lösung richtig? Üben Sie solche Einstufungen von Wörtern im Alltag.

Dieselbe Übung geht auch mit neuen, selbst gefundenen Wörtern.

Übung: neue Wörter suchen

Aus den Buchstaben des Wortes ALABASTER sollen Sie möglichst viele Wörter mit mindestens vier Buchstaben bilden. Verwenden Sie jeden Buchstaben des Ausgangswortes nur ein Mal.

Lösungen

Den Wortschatz erweitern

Aale, Atlas, Last, Laster, aber, Alter, Altar, Rest, Rabe, Bast, Basalt, Baer, Base, Blase, Rast, Rest, Salbe, Stab, Star, erst, Taler, Talar, Trab usw.

Diese Übung können Sie wiederholen, wo immer Sie gehen und stehen. Nehmen Sie sich einfach ein Wort, auf das Sie gerade stoßen – von einer Reklametafel, einer Busstation, aus der Zeitung usw. –, und versuchen Sie daraus neue Wörter zu bilden.

Abwechslung kann nicht schaden

Das Training variieren

Wenn Sie anhand der Übungen in diesem Buch das tägliche Intelligenztraining zu Ihrem Alltagssport gemacht haben, dann achten Sie darauf, nicht stets den gleichen Typ von Aufgaben zu lösen. Auch wenn Ihnen bestimmte Tests besonders viel Spaß machen und andere Ihnen weniger liegen, sollten Sie trotzdem darauf achten, eine möglichst große Bandbreite an verschiedenen Aufgabentypen zu absolvieren. Gerade die Fragestellungen, die Ihnen nicht so leicht von der Hand gehen, müssen nämlich trainiert werden. Hier gleich noch eine Knobelei:

Übung: Anagramme
Die folgenden Kräuter sind etwas durcheinander gekommen. Versuchen Sie, da wieder Ordnung hineinzubringen.

RETEISHGCWIPZ

NALTUKSIERB

KNRIAA

CLHUFTAIHT

Lösung
Das war gar nicht einfach. Es handelt sich um Spitzwegerich, Bilsenkraut, Arnika und Huflattich.

Sprachliches Gedächtnis
Auch das Erinnern von Wörtern kann man trainieren. Häufig bekommen Sie in IQ-Tests die Aufgabe gestellt, sich eine Reihe von Wörtern einzuprägen und dann aus der Erinnerung heraus möglichst alle zu wiederholen. Am nachfolgenden Beispiel können Sie schon mal üben.

Das Erinnerungsvermögen schulen

Übung: Wörter merken
Versuchen Sie, sich möglichst viele der nachfolgend aufgeführten Wörter zu merken. Sie haben drei Minuten Zeit, sie sich einzuprägen.

Hobel	Schlange	Uruguay
Lama	Aubergine	Zwiebel
Lötkolben	Argentinien	Flusspferd
Karotte	Fenchel	Säge
Italien	Ahle	Lauch
Elefant	Gnu	Deutschland
Brasilien	Schraubenzieher	Fuchsschwanz
Löwe	Zebra	Zange

Nachdem Sie sich die Wörter drei Minuten lang in Ruhe angesehen haben, nehmen Sie Papier und Schreibzeug zur Hand und schreiben alle Wörter auf, an die Sie sich erinnern. In diesem Fall könnten das maximal 24 sein. Wie viele haben Sie geschafft?
Sicherlich ist Ihnen aufgefallen, dass es in der vorliegenden Aufgabe vier Kategorien von Wörtern gab – Werkzeuge, Gemüsesorten, exotische Tiere und Fußballnationen. Ihre Fähigkeit, sich eine so große Zahl an Wörtern zu merken, wird stark zunehmen, wenn Sie sich Wortgruppen merken. Sie prägen sich also beispielsweise als Erstes alle Länder ein, dann alle Tiere, alle Gemüsesorten usw. Mit diesen »Schubladen« fällt es Ihrem Gehirn wesentlich leichter, den Überblick zu behalten, und Sie können sich leichter an die Wörter erinnern.
Wiederholen Sie solche Aufgaben öfter anhand von Wortlisten, die Sie sich selbst zusammenstellen.

Sprachliche Logik

Sprachlichen Missverständnissen vorbeugen

Ein souveräner Umgang mit der Sprache erfordert auch, dass Sie die sprachliche Logik beherrschen. In der Praxis ist dies gar nicht so einfach, denn oft denken wir in einen Satz eine eigene Logik hinein, die aus dem Gesagten jedoch gar nicht hervorgeht.

Übung: Was ist hier los?
Sie arbeiten im Bereich der Steuerprüfung und bekommen einen neuen Vorgang auf den Tisch. Sie sagen: »Ich kann diesen Vorgang nicht bearbeiten, es ist mein Sohn, um den es geht.« Das stimmt, obwohl Sie nicht sein Vater sind. Wie ist das zu erklären?

Lösung

Ganz einfach – Sie sind seine Mutter. Wenn Sie darauf hereingefallen sind, dann haben Sie gesehen, wie leicht man Inhalte in Sätze hineindenkt, die gar nicht enthalten sind. Dies führt oft zu Missverständnissen und Konflikten.

Übung: Wer ist das?
Namentlich unwissend, ein Feigling bis in die Zehenspitzen und spielt gern Versteck mit Eiern.

Lösung
Hase (mein Name ist Hase/Hasenfuß/Osterhase)

Trainingsmethoden

Haben Sie heute schon Ihre sprachliche Intelligenz trainiert?

- ❑ Ergänzen Sie die Buchstaben verschiedener Autokennzeichen so, dass sich mindestens zehn verschiedene Blumennamen daraus ergeben.
- ❑ Übersetzen Sie Ihre Postleitzahl in Buchstaben (nach der Reihenfolge des Alphabetes) und bilden Sie daraus zehn sinnvolle Wörter (Sie dürfen natürlich Buchstaben hinzufügen).
- ❑ Finden Sie mindestens sechs Wörter, die sich auf »Quelle« reimen.
- ❑ Suchen Sie ein Wort, zu dem Sie mindestens sechs Reime finden.
- ❑ Lesen Sie die Vornamen von vier Freunden oder Freundinnen im Kopf rückwärts.
- ❑ Nehmen Sie einen Zeitungsartikel zur Hand und streichen Sie alle Wörter an, die mehr mit dem Gefühl als mit dem Verstand zu tun haben.
- ❑ Machen Sie das Gleiche mit den nachfolgenden Gegensatzpaaren:

  aktiv – passiv
  menschlich – tierisch
  Ruhe – Bewegung
  natürlich – künstlich
- ❑ Bilden Sie Anagramme aus Firmennamen.
- ❑ Bilden Sie neue Wörter aus den Buchstaben von Wörtern, die Ihnen im Alltag begegnen. Achten Sie darauf, dass Sie nur die Buchstaben verwenden, die im Aus-

gangswort vorkommen, und jeden Buchstaben auch nur ein Mal. Fangen Sie mit Ihrem Straßennamen an.
- ❑ Spielen Sie dieses Spiel einmal im Wartezimmer des Arztes mit einer Illustrierten.
- ❑ Wenn Sie gerade auf dem Weg ins Fitnesscenter sind, dann sehen Sie doch einmal, was Sie mit dem Wort »Fitnesscenter« alles anstellen können.
- ❑ Prägen Sie sich alle Haltestellen Ihrer U-Bahn- oder Buslinie ein, und versuchen Sie diese zu Hause wieder richtig aufzuschreiben.

Kreuzen Sie an, welche Trainingsmethode Sie heute schon angewandt haben.

Optische Intelligenz

Strukturen und Objekte schnell erfassen

Diese Intelligenzform wird auch oft genauer als figuralräumliche Intelligenz bezeichnet. Man versteht darunter die Fähigkeit, mit optischen Strukturen und zwei- oder dreidimensionalen Objekten umzugehen. Die optische Intelligenz dient dazu, Strukturen und Objekte zu erfassen, sie in der Vorstellung aus verschiedenen Blickrichtungen zu betrachten, zu drehen und zu spiegeln.

Optische Intelligenz im Alltag

In vielen Bereichen des Alltags ist die visuelle Wahrnehmung, verbunden mit der optischen Intelligenz, eines unserer zentralen Orientierungs- und Entscheidungsmittel:
- Sie finden sich in unbekannten Gebäuden und Städten durch Lage- und Stadtpläne zurecht.
- Sie organisieren sich den Computer mit Symbolen.
- Sie richten eine Wohnung anhand von Grundrissen ein.
- Sie erkennen Werkstücke durch Konstruktionspläne.
- Sie »sehen« zweidimensionale Abbildungen räumlich und setzen im Gehirn optische Einzelstrukturen zu Mustern zusammen.

Üben Sie Ihre optische Intelligenz

Ein fester Bestandteil aller IQ-Tests sind Aufgaben zur optischen Intelligenz. Diese Form der Intelligenz hilft uns dabei, räumlich zu denken, uns zu orientieren oder optische Muster zu erfassen, zu analysieren und mit logischen Bedingungen zu verknüpfen.

Figurenvergleiche

Veränderungen rasch erkennen

Eine klassische Aufgabe zur optischen Intelligenz sind die Rätsel vom Typ »Original und Fälschung«, die man manchmal in Illustrierten findet. Bei solchen Aufgaben müssen Sie eine bestimmte Zahl an kleinen Veränderungen finden, die in ein Originalgemälde eingebaut wurden.

Bei IQ-Tests gibt es ganz ähnliche Aufgaben. Allerdings kommt es hier meist auch noch auf die Zeit an: Sie sollen solche kleinen Unterschiede möglichst rasch finden und eine relativ große Zahl optischer Prüfungen möglichst effizient absolvieren.

Übung: Welche Figur ist anders?

Lösungsstrategie

Systematisches Arbeiten hilft Ihnen, auch bei verwirrenden optischen Strukturen den Überblick zu behalten und sich nicht ablenken zu lassen. Vermeiden Sie unter allen Umständen, dass Ihr Auge haltlos von einem Element zum anderen irrt, hier und dort einen Unterschied entdeckt, dabei überall und nirgends hängen bleibt und ohne Systematik arbeitet.

Die drei Gesichter sehen auf den ersten Blick gleich aus. Erst bei näherem Hinsehen erkennen Sie, dass es einen kleinen Unterschied gibt.

Wenn Sie die Aufgabe gestellt bekommen, solche Unterschiede zu finden, gehen Sie am besten systematisch vor:

Systematisch arbeiten

- Zerlegen Sie die optische Struktur, die es zu analysieren gilt, in einzelne Elemente.
- Gehen Sie dabei systematisch vor, um nichts zu vergessen. In Falle unseres Beispiels wären das (von oben nach unten): Hut – Haare – Augen – Nase – Ohren – Mund – Hals – Fliege.
- Analysieren Sie in dieser Reihenfolge stets nur ein Element, und lassen Sie sich nicht von anderen, später zu betrachtenden Elementen ablenken.

Optisch Element für Element durcharbeiten

- Schauen Sie also zuerst ausschließlich auf den Hut. Erst wenn Sie dieses Element sorgfältig abgeschlossen haben, gehen Sie weiter zum nächsten, in diesem Falle zu den Haaren. So können Sie sicher sein, dass Ihnen nichts an Unterschieden entgeht (in diesem Fall die Ohren).

Optische Muster

Eine weitere beliebte Aufgabe bei Intelligenztests ist das Erkennen optischer Muster. Sie bekommen z. B. eine solche Zeichnung vorgelegt:

Übung: Welches Muster passt dazu?

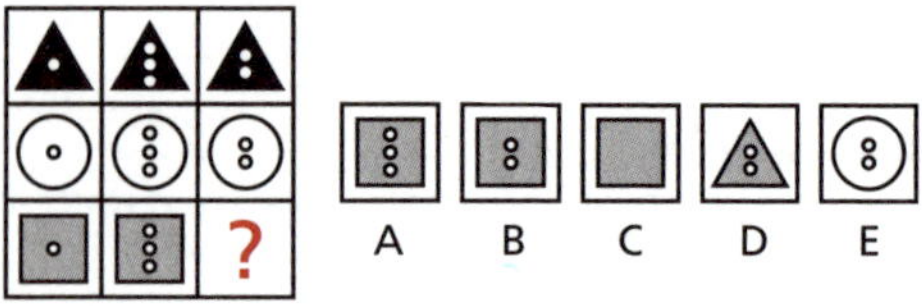

Lösungsstrategie

Sie sollen den fehlenden Dominostein ergänzen. Dazu müssen Sie erkennen, welches Muster, welche Gesetzmäßigkeit der Aufgabe zugrunde liegt. In diesem Fall bestehen die Figuren in den Einzelkästchen aus jeweils drei Elementen:

- Große Form (Umgrenzung): Sie ist entweder ein Dreieck, ein Kreis oder ein Quadrat.
- Kleine Form (in der großen Form): Ein, zwei oder drei kleine Kreise sind übereinander angeordnet.
- Hintergrundtönung: Sie kann weiß, schwarz oder grau sein.

Die Gesetzmäßigkeit in der Aufgabe begreifen

Wenn Sie die Figuren dergestalt in ihre einzelnen Elemente zerlegt haben, können Sie dazu übergehen, nach Gesetzmäßigkeiten in der Abfolge zu suchen. Diese Abfolge kann horizontal oder vertikal gemeint sein, je nachdem, ob sich die Gesetzmäßigkeit an den Zeilen oder an den Spalten orientiert.

Grundsätzlich könnten sich auch mehrere logische Muster ergeben, die zu mehreren richtigen Lösungen führen, wenn sowohl für die Spalten wie für die Zeilen eine unterschiedliche Gesetzmäßigkeit vorliegt. In der Praxis der IQ-Tests versucht man dies durch entsprechend geschickte Wahl der Aufgabenstellung zu vermeiden.

Versuchen Sie es in vorliegendem Fall erst einmal mit den Zeilen. Für diese liegen folgende Gesetzmäßigkeiten vor:

- In jeder Zeile gibt es nur einen Typ von Großform: Dreieck, Kreis oder Quadrat.
- Die Kleinform (kleiner Kreis) tritt stets einmal, dann dreimal, dann zweimal auf.
- Die Hintergrundtönung ist in der ersten Zeile schwarz, dann weiß, dann grau.

Aus diesen drei Gesetzmäßigkeiten ergibt sich eine eindeutige Lösung für das Quadrat mit dem Fragezeichen: Es ist die Figur B, ein graues Quadrat mit zwei kleinen Kreisen.

Zur Sicherheit sollten Sie prüfen, ob sich etwa auch in Bezug auf die Spalten eine Gesetzmäßigkeit ergibt:

- Die Großform hat in jeder Spalte stets die Abfolge Dreieck – Kreis – Quadrat.

- Die Kleinform ist durchgängig in der ersten Spalte ein kleiner Kreis, in der zweiten drei kleine Kreise und in der dritten zwei.
- Der Hintergrund hat in jeder Spalte die Abfolge schwarz – weiß – grau.

Nicht immer führt nur ein Weg zur Lösung

Dies führt auch bei der Orientierung an den Spalten zu einem eindeutigen Ergebnis für das fehlende Mosaiksteinchen, und zwar zum selben wie anhand der Zeilen. In dieser – sehr einfachen – Aufgabe gibt es also tatsächlich zwei verschiedene Lösungsansätze, die zur gleichen Lösung führen. Dies ist jedoch keineswegs immer so.

Räumliche Vorstellung: Würfel

Räumliche Vorstellung lässt sich gut anhand von Würfeln üben. In den folgenden drei Aufgaben sollen Sie herausfinden, welcher der Würfel entsteht, wenn Sie den auseinander geklappten falten würden.

Übung: Wie sieht der Würfel aus?

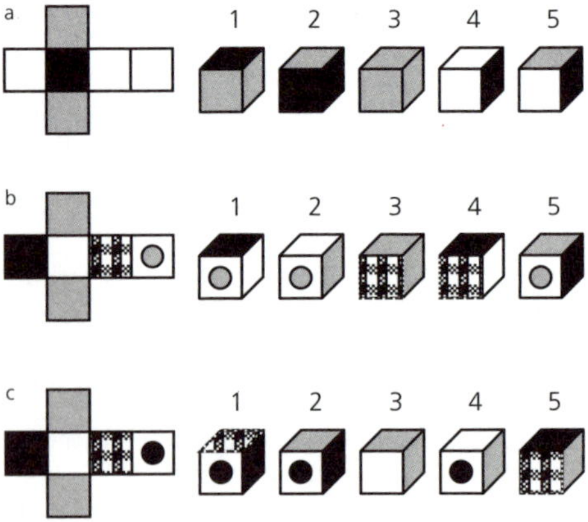

Lösungsstrategie

Aufgabe a)

Die Schwierigkeit bei Würfelaufgaben besteht darin, dass Sie immer nur drei von sechs Seiten sehen können. Die restlichen, unsichtbaren Seiten müssen Sie sich durch räumliche Vorstellung erschließen.

Beginnen Sie die Lösung mit der ersten Aufgabe a):

- Der Würfel der Lösung 1 hat zwei benachbarte graue Flächen. Bei unserer auseinander gelegten Vorlage jedoch liegen die grauen Flächen einander gegenüber. Der Würfel 1 scheidet also aus.
- Würfel 2 besitzt zwei schwarze Flächen, scheidet also ebenso aus.
- Würfel 3 besitzt mindestens drei graue Flächen, die Vorlage jedoch nur zwei. Er scheidet daher aus.
- Würfel 4 scheidet aus, weil die Seiten, die an die schwarze Fläche stoßen, abwechselnd weiß und grau sein müssen.
- Also muss Würfel 5 die Lösung sein.

Schnelle Lösungsstrategien

Grundsätzlich gibt es zwei Möglichkeiten, solche Aufgaben zu lösen:

Ausschlussverfahren oder Vorstellungsvermögen

- Eben sind Sie nach dem Ausschlussverfahren vorgegangen. Dabei sehen Sie jede der vorgestellten Lösungsmöglichkeiten an und prüfen, ob sie richtig sein kann, schließen Schritt für Schritt falsche Lösungen aus.
- Sie haben aber auch noch eine zweite Möglichkeit: Sie können sich den Würfel zusammengefaltet vorstellen und ihn in Ihrer Vorstellung drehen, bis er so liegt wie in einer der angebotenen Möglichkeiten. Diese zweite Strategie erfordert ein erheblich höheres Maß an räumlichem Vorstellungsvermögen.

Aufgabe b)

Diese Aufgabe ist erheblich schwieriger. Am leichtesten fällt die Lösung, wenn Sie wieder systematisch vorgehen:

- Würfel 1 scheidet aus, weil die weiße Fläche und die Fläche mit dem Kreis nicht aneinander angrenzen.
- Aus demselben Grund scheidet Würfel 2 aus: Die weiße und die Fläche mit dem Kreis kommen nicht nebeneinander zu liegen.
- Sie können den zusammengefalteten Würfel drehen, wie Sie wollen, nie werden zwei graue Flächen eine gemeinsame Kante haben. Würfel 3 kann also ebenso nicht die Lösung sein.
- Würfel 4 scheidet aus, weil die schwarze und die gemusterte Fläche gegenüberliegen müssen, bei Würfel 4 grenzen sie aneinander an.

Würfel 5 ist die Lösung.

Aufgabe c)

Gehen Sie genauso vor oder versuchen Sie es einmal nach der zweiten Strategie, rein durch räumliche Vorstellung. Die richtige Lösung für Aufgabe c) ist Würfel 2.

Ein schwaches Vorstellungsvermögen ausgleichen

Richtig kompensieren: Sie können bei Intelligenztests zum räumlichen Vorstellungsvermögen auch dann gut abschneiden, wenn die optische Intelligenz nicht gerade Ihre Stärke ist. Kompensieren Sie dies durch logische Vorgehensweise. Dieses Kapitel zeigt Ihnen wie das geht.

Komplizierte Würfelmuster

Bei einem zweiten Typ von Testaufgaben mit Würfeln werden diese gedreht. Sie sollen herausbringen, wie der Würfel nach einer weiteren Drehung aussehen wird. Wieder kommt es auf Ihr räumliches Vorstellungsvermögen an. Aber nicht nur: Logische Überlegung hilft Ihnen in diesem Fall ein ganzes Stück weiter.

Nachfolgend sehen Sie eine derartige Aufgabe zur Drehung von Würfeln. Solche Fragestellungen kommen häufig in IQ-Tests vor, und auch in unserem Testteil ab Seite 45 finden Sie eine Reihe solcher Aufgaben. Sehen Sie sich den Würfel genau an:

Übung: Wie sieht der Würfel nach der dritten Drehung aus? Wie 1, 2, 3 oder 4?

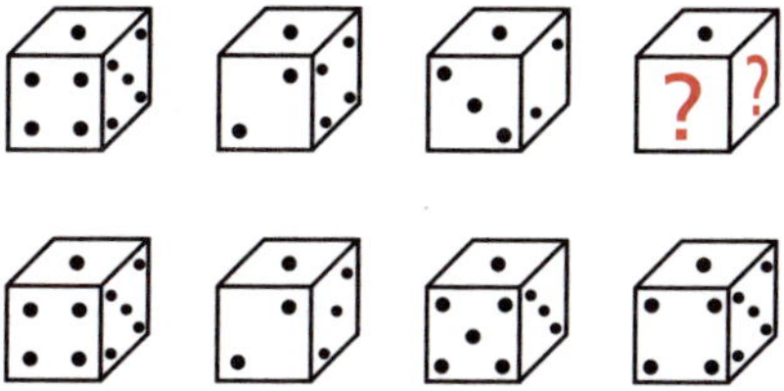

1 2 3 4

Lösungsstrategie

Für die Lösung gehen Sie am besten schrittweise vor:

- Klären Sie als Erstes, wie sich der Würfel dreht. Dreht er sich um eine der beiden horizontalen Achsen oder um die vertikale? Am leichtesten finden Sie das heraus, wenn Sie das Feld suchen, das Sie auf allen drei Drehschritten sehen können, und zwar immer in derselben Position. Es markiert die Drehachse.
- Suchen Sie sich danach ein Feld, das Sie auf zwei aufeinander folgenden Drehschritten in verschiedener Position sehen können. Wie hat es sich bewegt?
- Sie kennen nun die Drehachse und die Drehrichtung. Daher wissen Sie jetzt, wie sich der Würfel dreht: nach rechts oder links? Rollt er auf Sie zu oder von Ihnen weg?
- Überprüfen Sie die gefundene Bewegungsrichtung auch am anderen Bewegungsschritt.
- Gehen Sie nun zum dritten Bewegungsschritt, und drehen Sie den Würfel in der gefundenen Richtung weiter. Welche Seite taucht auf? Sie haben diese Seite schon einmal im Blickfeld gehabt, nämlich beim ersten Schritt.

Vorstellungskraft und Logik

- Wenn Sie so die auftauchende Seite gefunden haben, müssen Sie nur noch aus den angebotenen Lösungsmöglichkeiten die richtige auswählen.

Wenden Sie nun diese Vorgehensweise auf das konkrete Beispiel an:

- Die Drehachse: Welche Fläche ist auf allen Drehschritten zu sehen, und zwar immer an derselben Position? Es ist in diesem Fall die obere mit der Eins. Der Würfel dreht sich um seine vertikale Achse.
- Um nun zu klären, ob der Würfel sich nach rechts oder nach links dreht, suchen Sie eine seitliche Fläche, die Sie bei zwei aufeinander folgenden Schritten sehen können. Das wäre z. B. die Fläche mit den vier Augen in Schritt 1 und Schritt 2. Bei Schritt 1 zeigt sie nach vorne, bei Schritt 2 nach rechts. Der Würfel hat sich also folgerichtig nach rechts gedreht.

Die einzelnen Drehschritte nachvollziehen

- Überprüfen Sie dieses Ergebnis an der nächsten Fläche, an der Fläche mit den zwei Augen beim zweiten und dritten Drehschritt. Wieder hat sich der Würfel nach rechts gedreht.
- Die Fläche, die nun beim letzten Drehschritt auftauchen wird, ist diejenige, die nach dem ersten Drehschritt verschwand, diejenige mit den fünf Augen.
  Im letzten, vierten Drehschritt sieht also unser Würfel folgendermaßen aus: Oben ist die Eins. Die Drei zeigte zuvor nach vorne, sie ist nach rechts gewandert und zeigt jetzt nach rechts. Von der linken Seite her ist die Fünf aufgetaucht und zeigt nun nach vorne.
- Als letzten Schritt wählen Sie die richtige Lösungsnummer, in diesem Fall die Nummer 3.

Fanden Sie das schwer? Reine Übungssache.
Je mehr solche Aufgaben Sie im Lauf Ihres Trainingsprogramms gemacht haben, desto schneller und sicherer finden Sie die Lösung; entsprechend besser schneiden Sie in den IQ-Tests ab.

Tipp: Es gibt für diese Art von Aufgaben noch einen zweiten, schnelleren Lösungsweg. Wenn Sie die Drehrichtung des Würfels festgestellt haben, stellen Sie sich die Frage, welche Fläche der beim nächsten Drehschritt verschwindenden Fläche gegenüberliegt. Diese Fläche wird auftauchen.

Hier noch eine Übung, die in den Grenzbereich zwischen optischer und praktischer Intelligenz gehört:

Übung: Wie viele Wege führen direkt von Punkt 1 zu Punkt 2?

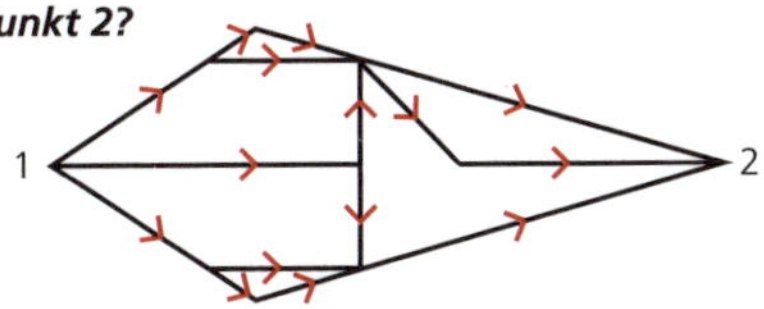

Lösung
Es gibt insgesamt neun Wege.

Haben Sie heute schon Ihre optische Intelligenz trainiert?

- ❑ Lösen Sie ein Rätsel vom Typ »Original und Fälschung« in einer Illustrierten.
- ❑ Wiederholen Sie die Tests 51–82 im Kapitel IQ-Test ab Seite 37 noch einmal mit Stoppuhr. Merken Sie, dass Sie immer schneller werden?
- ❑ Machen Sie sich ein paar Fotokopien aus einem Stadtplan, von jedem Ausschnitt zwei Kopien. In die erste Kopie zeichnen Sie einen Weg ein und prägen ihn sich drei Minuten lang ein. Auf der anderen Fotokopie versuchen Sie diesen Weg aus dem Kopf zu wiederholen.
- ❑ Prägen Sie sich beim Einkaufen oder im Büro eine beliebige Person ein. Wenn Sie nach Hause gekommen

Trainingsmethoden

sind, versuchen Sie diese Person möglichst exakt zu beschreiben.

- ❑ Nehmen Sie einen Spielwürfel zur Hand, und merken Sie sich, welche Zahlen sich gegenüberliegen. Legen Sie ihn nun auf den Tisch, und stellen Sie sich vor, er würde sich um einen Drehschritt nach rechts drehen. Wie würde er jetzt aussehen?
- ❑ Versuchen Sie es auch mit einer Drehung nach links.
- ❑ Lassen Sie nun den Würfel auf sich zurollen.
- ❑ Lassen Sie ihn von sich wegrollen.
- ❑ Wiederholen Sie dies von verschiedenen Ausgangspositionen aus, indem Sie einfach einmal würfeln.
- ❑ Gehen Sie nun dazu über, den Würfel zwei Drehschritte machen zu lassen.
- ❑ Wenn Sie das schon gut beherrschen, dann steigern Sie sich auf drei Drehschritte. Immer einfach würfeln und dann um den Kopf drehen.
- ❑ Machen Sie doch mal wieder ein Puzzlespiel.
- ❑ Nehmen Sie ein beschriebenes Blatt Papier zur Hand, falten Sie es mehrmals, und schneiden Sie es dann in kleine Schnipsel. Anschließend mischen und zusammensetzen.

Kreuzen Sie an, welche der Trainingsmethoden Sie bereits angewendet haben!

Praktische Intelligenz

Diese Art der Intelligenz, auch Handlungsintelligenz genannt, bezieht sich auf die Koordination geistiger und körperlicher Aktivitäten.

Geistige und körperliche Fähigkeiten koordinieren

Bei einem Test in einem späteren Kapitel dieses Buches sollen Sie z. B. mit einem Stift durch ein enges Labyrinth fahren, ohne anzuhalten, umzukehren oder eine Labyrinthlinie zu berühren. Da Sie keine Zeit bekommen, sich das Labyrinth vorher im Detail genau anzusehen, müssen Sie vorausschauend den Weg suchen und diesen gleichzeitig mit dem Stift markieren.

Beispiele im Alltag

Kontrolle der Feinmotorik

Praktische Intelligenz hilft, die Feinmotorik zu kontrollieren, ob beim Violinspiel, beim Einfädeln einer Nähnadel oder bei der Herstellung einer Skulptur.
Sie ist es, die es einem Hochspringer ermöglicht, millimetergenau den Absprungsort und den Einsatz der Muskeln zu synchronisieren, oder z. B. einen (Tisch-)Tennisspieler befähigt, den Ball exakt im richtigen Winkel mit der adäquaten Kraft zu schlagen.

Erweitern Sie Ihre praktische Intelligenz

Mit dieser Form von Intelligenz versucht man die Fähigkeit zu umschreiben, in den praktischen Dingen des Lebens effizient und intelligent zu handeln.
Auch die Motorik spielt dabei eine Rolle, wie Sie anhand der Testbeispiele dieses Abschnitts auf Seite 136 und der folgenden Seite sehen werden. Außerdem kommt es auf Geschicklichkeit, Koordination und schnelles Erfassen von Problemstellungen an.

Orientierungsfähigkeit

Bei Tests mit Stadtplänen geht es um die Fähigkeit, optische Muster im Gedächtnis zu behalten. Sie sollen Ihr Können unter Beweis stellen, sinnvoll und rasch zu entscheiden und den richtigen Weg zu finden. Sehen Sie sich die folgende Aufgabe an.

Sich an optische Muster erinnern

Das Bild stellt einen Straßenplan dar. Er enthält die folgenden Elemente:

- Die farbigen Striche sind die Straßen, auf denen Sie fahren können.
- Einige der Straßen sind an bestimmten Stellen gesperrt – Sie sehen dies an den schwarzen Punkten.
- Außerdem gibt es Fußgängerbrücken, unter denen Sie hindurchfahren können. Sie behindern Ihre Fahrt nicht,

sie dienen in dieser Aufgabe lediglich zur Orientierung. Deshalb haben sie einen Kennbuchstaben von A bis K.

Am Rand des Straßenplanes sehen Sie Zahlen von 1 bis 26, die im Uhrzeigersinn um den Plan laufen. Sie dienen ebenfalls der Orientierung.

Optisch schnell ans Ziel gelangen

Sie sollen nun so schnell wie möglich von bestimmten Anfangspunkten zu bestimmten Zielpunkten fahren. Achten Sie darauf, welche Brücken Sie dabei passieren, diese definieren die von Ihnen gefundene Strecke.
Fahren Sie:

a) von 1 nach 20
b) von 3 nach 5
c) von 7 nach 17
d) von 5 nach 21
e) von 6 nach 19
f) von 25 nach 19
g) von 16 nach 13
h) von 11 nach 14
i) von 19 nach 17
k) von 7 nach 11

Übung: Welche Brücken passieren Sie auf dem kürzesten Weg?

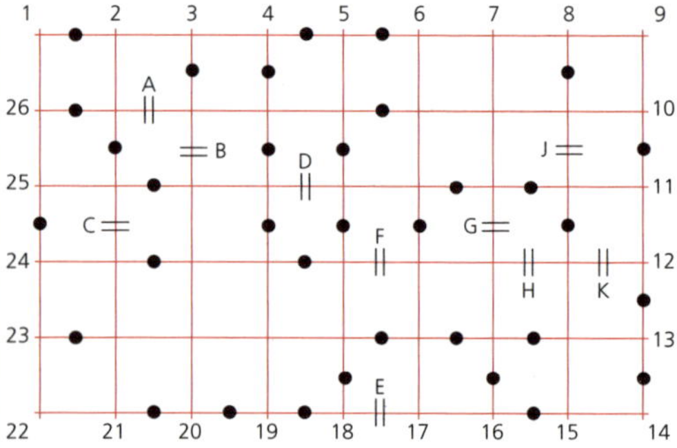

Lösungen

a) C; b) A; c) G; d) B; e) D; f) C; g) H; h) K; i) F; k) J

Tipps zum Weiterüben: Wiederholen Sie die Übung auf Seite 134 unten mit der Stoppuhr, und versuchen Sie, immer schneller zu werden.
Stellen Sie sich in einem weiteren Übungsschritt neue Aufgaben anhand dieses Plans, indem sie ihn abändern.
Denken Sie sich selbst einen solchen Plan aus, und stellen Sie sich entsprechende Aufgaben.

Koordination der Motorik

Neben der Orientierungsfähigkeit, die im vorhergegangenen Aufgabentyp getestet und geübt wurde, gehört zur praktischen Handlungsintelligenz auch die Koordination der Motorik. Das Labyrinth ist ein Aufgabentyp, der diese beiden Aspekte gemeinsam testet.

Aufgabentyp: das Labyrinth

Wie schon in der vorhergehenden Aufgabe müssen Sie Ihren Weg finden, diesmal durch ein vorgegebenes Labyrinth. Aber Sie müssen diesen Weg auch einzeichnen. Bei IQ-Tests unter Prüfungsbedingungen kommen noch folgende Erschwernisse hinzu:

- Die Zeit ist knapp bemessen. Sie sollen Ihr Ziel möglichst schnell erreichen.
- Sie dürfen mit dem Stift keine der Linien berühren oder kreuzen.
- Sie dürfen beim Zeichnen des Weges auf keinen Fall anhalten.
- Es dürfen keine Umkehrpunkte entstehen, weil Sie sich verirrt haben.

Dies bedeutet, dass es negativ gewertet wird, wenn Sie sich verirrt haben und umkehren müssen.
Die erste Aufgabe ist recht einfach. Bei einem IQ-Test bekommen Sie solche Aufgaben vorgelegt, und die Zeit beginnt sofort zu laufen, Sie haben also keine Zeit, sich erst mit den Augen einen Weg zu suchen.
Gehen Sie bei dieser Übung ebenfalls so vor, fangen Sie unmittelbar an.

Übung: Wie gelangen Sie auf dem kürzesten Weg ans Ziel?

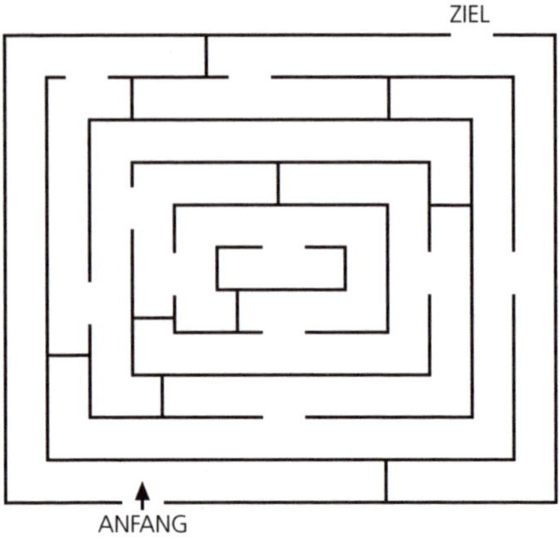

Lösungsstrategie

Auge und Hand im Gleichklang

Damit Sie bei diesen Aufgaben gut abschneiden, also rasch vorwärts kommen und trotzdem sich weder verirren noch die Linien berühren, müssen Sie mit den Augen zwei Dinge gleichzeitig erledigen:

- Ein Auge muss weit vorausschauen und den Weg optisch erkunden.
- Das andere Auge muss sicher die Hand mit dem Schreibgerät leiten.

In der Praxis werden Sie sehr rasch und sehr oft hin und her schauen und dabei versuchen, weder bei der Erkundung noch bei der Zeichnung den Faden zu verlieren.

Wenn Sie die erste Aufgabe abgeschlossen haben, dann sollte Sie zu der folgenden, weitaus schwierigeren übergehen. Beachten Sie wieder, sofort anfangen – also nicht erst den Weg mit den Augen suchen. Der Sinn des Tests ist, dass Sie üben sollen, beide Dinge gleichzeitig zu tun.

Übung: Wie verläuft der kürzeste Weg durch dieses große Labyrinth?

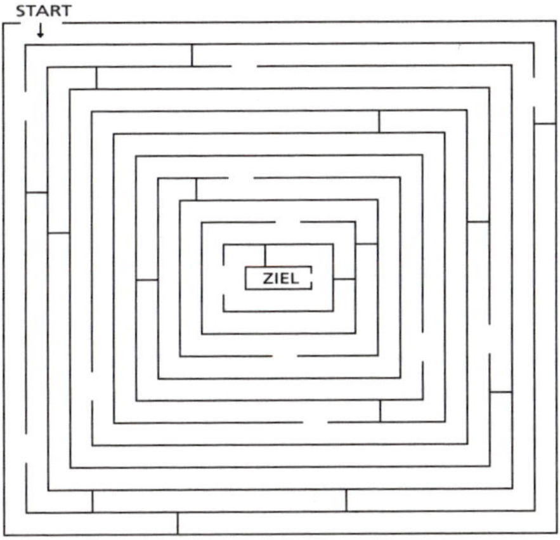

Dies war weitaus schwieriger. Zählen Sie Ihre Umkehrpunkte und die Fehler, die durch Berührung der Linien verursacht wurden. Noch eine weitere Aufgabe:

Zielsicher vorausschauen

Übung:
Wie gelangen Sie durch diese vier Räume ans Ziel?

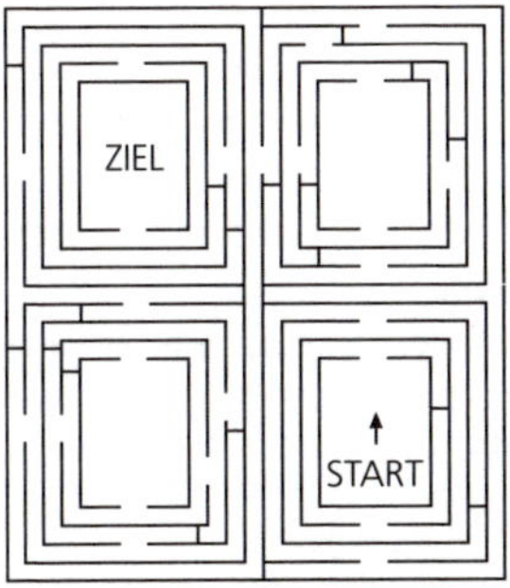

Vorstellungsvermögen

Bei dieser Art Test zur praktischen Handlungsintelligenz bekommen Sie zwei Figuren vorgelegt. Sie sollen durch die erste Figur einen Schnitt so legen, dass man aus den beiden entstehenden Stücken eine gewünschte Figur zusammensetzen kann.

Schnittmuster-Test

Diese Tests heißen Schnittmuster-Tests, denn Sie müssen gleichsam aus einem Stoffrest ein Stück Stoff mit einer ganz bestimmten Form herstellen, es darf keinen Verschnitt geben, und nur eine einzige Naht ist erlaubt.
Legen Sie den Schnitt so, dass danach beim Zusammensetzen ein Rechteck entsteht.

Übung: Wie muss der Schnitt durch die vorgegebene Form verlaufen, damit beide Teile zusammengesetzt ein Rechteck ergeben?

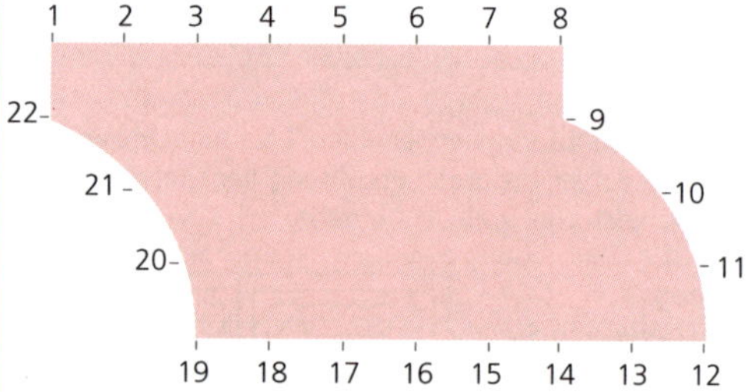

Lösung

Um ein Rechteck zu erhalten, müssen Sie z. B. von (5) nach (17) schneiden (oder 4–18, 6–16, 7–15).
Versuchen Sie auch die folgende Aufgabe auf Seite 139, ebenfalls ein Schnittmuster-Test, mittels Ihrer Vorstellungskraft zu lösen.
In diesem Fall soll jedoch ein Quadrat entstehen.

Übung: Wie muss der Schnitt verlaufen, damit beide Teile zusammengesetzt ein Quadrat ergeben?

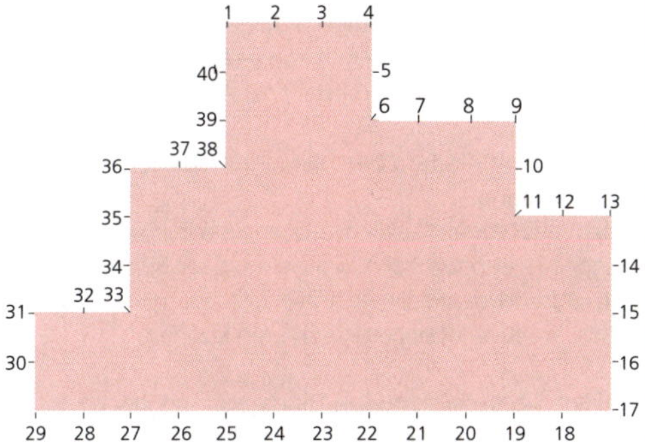

Lösung
Sie müssen von (38) nach (25) schneiden.

ANDERE ARTEN DER INTELLIGENZ

Neben der Intelligenz, auf die der klassische IQ-Test abzielt, gibt es noch andere Formen der Intelligenz. Dazu gehört die soziale und emotionale Intelligenz, die entscheidend ist für ein gelungenes Miteinander der Menschen. Und schließlich spricht man auch von kreativer Intelligenz – eine Fähigkeit, die heute immer wichtiger wird. Dazu ein paar Übungen.

Soziales Einfühlungsvermögen

Unter Kreativität versteht man die Fähigkeit, neue Ideen zu entwickeln, schöpferisch tätig zu sein. Kreativität hat also viel mit Einfallsreichtum und geistiger Flexibilität zu tun. Die Anwendungsbereiche für Kreativität sind keineswegs auf die klassischen Tätigkeiten von Künstlern oder Werbefachleuten beschränkt. Kreative Intelligenz äußert sich in vielen verschiedenen Bereichen des Alltags:

- Neue Ideen zu entwickeln ist in allen Berufssparten vorteilhaft.
- Im Privatleben kann kreative Intelligenz dafür sorgen, dass in der Partnerschaft keine Langeweile aufkommt.
- Kreativität in der Küche verhilft zu Abwechslung bei den Mahlzeiten.

Im Umgang mit Kindern beschleunigt Kreativität deren geistige Entwicklung.

Auch die kreative Intelligenz ist trainierbar

Aus dem außerordentlich vielfältigen Spektrum der kreativen Intelligenz haben wir nachfolgend ein paar Beispiele ausgewählt, anhand deren Sie sich auf Testsituationen einstellen und Ihre kreative Intelligenz trainieren können.

Schreiben Sie möglichst viele Dinge auf, aus denen die gezeigten Bilder einen Ausschnitt darstellen.

Übung: optische Kreativität

Erklärungen:	Erklärungen:	Erklärungen:
____________	____________	____________
____________	____________	____________
____________	____________	____________
____________	____________	____________
____________	____________	____________

Setzen Sie diese Liste fort.

Kreativität im Alltag trainieren: Wo auch immer Sie sich gerade befinden, können Sie die Form eines Gegenstandes als Vorlage für Kreativitätsübungen nach dem obigen Muster nehmen.
Schneiden Sie gedanklich einfach ein Stück aus einem Fensterkreuz, einer Straßenlaterne oder den Griffen einer Büroschere heraus. Nehmen Sie dann diese Form als Grundlage für Übungen zur optischen Kreativität.

Bildideen entwickeln

In der folgenden Aufgabe sollen Sie die begonnene Zeichnung auf möglichst viele verschiedene Weisen ergänzen. Deuten Sie möglichst viele Ideen an. Es kommt also nicht auf die Ausarbeitung an, sondern darauf, dass die Bildidee erkennbar ist.
Geben Sie sich maximal fünf Minuten Zeit dafür.

Übung: Wie Sie optische Ideen entwickeln

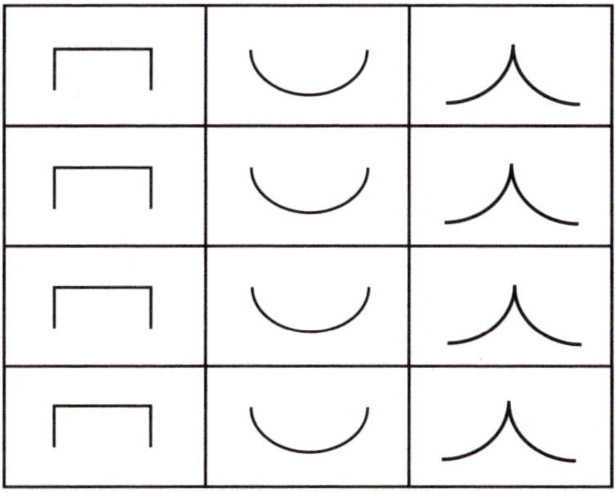

Kreativität in sprachlicher Hinsicht kann geschult werden

Ergänzen Sie auch in dieser Aufgabe – diesmal allerdings nicht durch Zeichnungen, sondern durch Wörter. In der linken Spalte sollen zusammengesetzte Wörter wie z. B. »Holzkopf« notiert werden, in der rechten Eigenschaftswörter vorangestellt werden.

Übung: sprachliche Kreativität	
Holz- …	… wie ein Stück Holz
…………………	………………………………………………
…………………	………………………………………………
Kreis- …	… wie ein Stock
…………………	………………………………………………
…………………	………………………………………………
Fern- …	… wie ein Stein
…………………	………………………………………………
…………………	………………………………………………
Streit- …	… wie ein Misserfolg
…………………	………………………………………………
…………………	………………………………………………
Ab- …	… wie ein Fisch
…………………	………………………………………………
…………………	………………………………………………

Solche Übungen können Sie im Alltag sehr gut wiederholen anhand beliebiger Vorlagen, die Sie selbst auswählen.

Der Intelligenzquotient

Sicher haben Sie schon oft von irgendwelchen sagenumwobenen Genies gehört, die einen extrem hohen Intelligenzquotienten haben sollen. Lassen Sie sich davon nicht ins Bockshorn jagen. Um den IQ ranken sich viele Mythen: Weder ist Ihre berufliche Zukunft von Ihrem Intelligenzquotienten abhängig, noch hat jeder Nobelpreisträger einen IQ von 150. Warum das so ist, erfahren Sie in diesem Kapitel.

Der IQ ist nicht alles

IQ ist nicht gleich Intelligenz

Die Intelligenz des Menschen ist von vielen verschiedenen Faktoren abhängig:

- Sie ist anlagebedingt.
- Sie verändert sich im Laufe des Lebens.
- Sie kann gefördert und trainiert werden.

Intelligenz manifestiert sich auf ganz unterschiedliche Weise. Mit Hilfe des IQ wird versucht, die Intelligenz zu messen. Diese kann jedoch in all ihrer Vielfalt bisher nicht exakt erfasst werden, nur einige Aspekte der Intelligenz sind quantifizierbar (messbar). Der IQ ist also nicht gleichbedeutend mit der Intelligenz, da er nur einen Bruchteil dessen abdeckt, was man unter Intelligenz versteht.

Intelligenz hat mannigfaltige Ausdrucksformen

Es gibt drei Gründe, warum IQ und Intelligenz verschieden sind:

- Es gibt keine allgemein anerkannte Definition von Intelligenz, entsprechend auch keine sichere, anerkannte Messmethode.
- Viele Aspekte der Intelligenz entziehen sich der Messung. IQ-Tests geben daher nur einen Ausschnitt der Intelligenz wieder.
- Die Ergebnisse von IQ-Tests werden von vielen äußeren Faktoren beeinflusst.

So schwer es ist, Intelligenz wissenschaftlich zu fassen und zu definieren, so schwer ist es auch, sie zu messen. Der IQ-Test ist ein Versuch, sich an einige wenige Teilaspekte von Intelligenz heranzutasten. So wie die Intelligenz des Menschen im Laufe des Lebens dem Wandel unterworfen ist, so ist es auch der IQ. Intelligenz ist entwickelbar und trainierbar. Entsprechend verändert sich der IQ. Weder die Intelligenz noch der IQ eines Menschen sind eine feste Größe.

Der IQ bleibt nicht ein Leben lang gleich

Intelligenz ist weitaus mehr als IQ
Es gibt drei Gründe, warum der IQ die gesamte Intelligenz nur teilweise wiedergeben kann:
- Intelligenz wandelt sich.
- Intelligenz ist nur schwer definierbar.
- Intelligenz ist nur in Teilaspekten messbar.

Zahlreiche Einflussfaktoren

Im IQ-Test können nur einige ausgewählte Aspekte der Intelligenz behandelt werden. Daher lässt der IQ-Wert nur sehr bedingt Rückschlüsse auf die gesamte Intelligenz eines Menschen zu. Für die praktische Prüfungssituation beim IQ-Test kommen weitere Schwierigkeiten hinzu. Das Ergebnis eines IQ-Tests ist abhängig von vielen Faktoren:

Nicht alle Intelligenzbereiche werden erfasst

- Tagesform
- körperliche und psychische Verfassung
- psychische Belastbarkeit
- Motivation beim Test
- Konzentrationsfähigkeit
- Umgang mit Stress bei Prüfungssituationen
- individuelle Stärken und Schwächen
- Gewichtung einzelner Aspekte von Intelligenz im Test

All diese Faktoren können das Abschneiden bei einem IQ-Test positiv oder negativ beeinflussen. Je nachdem, wie Sie diese Faktoren in den Griff bekommen, ändert sich Ihr Ergebnis in einem IQ-Test (siehe Seite 94 ff.).

Zusätzlich zu psychischer Vorbereitung und körperlicher Fitness, die wichtig sind für ein gutes Prüfungsergebnis, können Sie sich einen weiteren Vorteil verschaffen: Die Lösung von IQ-Testaufgaben kann man nämlich mittlerweile sehr gut trainieren.

Regel: Übung macht den Meister! Je mehr IQ-Tests Sie gemacht haben, desto besser werden Sie dabei abschneiden.

Wie man den IQ misst

Der Begriff Intelligenzquotient entstand in den letzten Jahrzehnten des 19. Jahrhunderts. Damals konnte sich die Psychologie als exakte Wissenschaft etablieren. Mehr und mehr rückte die Frage nach der Ausdrucksform und der Quantifizierbarkeit der menschlichen Intelligenz in den Vordergrund des Interesses, das die Psychologie mit Disziplinen wie der Philosophie und der medizinischen Physiologie teilte.

Wissenschaftlicher Anfang

Gehirnmasse oder Nerven?

Versuche, unterschiedliche Intelligenz zu erklären, führten zu keinen befriedigenden Ergebnissen. Eine wichtige Hypothese bezog sich auf die Masse und die Struktur des Gehirns. Sezierung und Gewichtsbestimmung von Gehirnen besonders kluger und besonders dummer Menschen brachten jedoch keine Aufschlüsse.

Erste Analyseversuche

Eine andere Möglichkeit der Erklärung wurde in der Geschwindigkeit der Reizleitung in den Nerven gesucht – sozusagen schnelle und langsame Denker. Doch auch die darauf ausgerichteten Tests, etwa des Kniesehnenreflexes, brachten keine Möglichkeiten, die Intelligenz zu quantifizieren.

Erste Tests von Alfred Binet

Anfang des 20. Jahrhunderts setzte sich die Erkenntnis durch, dass die Anzahl der richtigen Lösungen von Testaufgaben ein

brauchbarer Bewertungsmaßstab sei. Entwickelt wurde der erste Intelligenztest von dem französischen Psychologen Alfred Binet (1857–1911).
Hintergrund war der Wunsch des französischen Kultusministeriums, Unterrichtsmethoden für geistig zurückgebliebene Schüler zu entwickeln.
Binot versuchte, die durchschnittliche Leistung von Kindern eines bestimmten Lebensalters anhand von Testaufgaben zu ermitteln. Sodann verglich er die individuelle Leistung eines Kindes mit der Durchschnittsnorm der einzelnen Altersklassen. So ermittelte er die Intelligenz der Kinder nach folgendem Muster:

Leistungen und Lebensalter dienten als Grundlage

- Ein Kind, das z. B. die Intelligenz eines durchschnittlichen Achtjährigen hatte, bekam das »Intelligenzalter« von acht zugewiesen.
- War das Kind jedoch schon neun Jahre alt, so war es gegenüber der Norm um ein Jahr zurück.
- Die Differenz zwischen Intelligenzalter und Lebensalter ergab den Maßstab für die Bewertung der Intelligenz eines Kindes.

Bei der praktischen Anwendung dieser Methode stellte sich rasch heraus, dass diese Differenz mit zunehmendem Alter immer bedeutungsloser wird. So ist z. B. ein fünfjähriges Kind, das die Intelligenz eines dreijährigen Kindes hat, stark zurückgeblieben.
Im Alter von 15 Jahren spielt eine Differenz von zwei Jahren jedoch kaum noch eine nennenswerte Rolle.
Deshalb ging man dazu über, statt der Differenz von Intelligenzalter und Lebensalter den Quotienten aus diesen beiden Werten zu berechnen. Binet fand heraus, dass dies einen sehr viel brauchbareren Maßstab bietet. Der Intelligenzquotient war geboren.
Da der Quotient stets Kommastellen und häufig Zahlen kleiner als eins ergab, wurde das Ergebnis mit 100 multipliziert. Man kam dadurch auf ganze Zahlen und konnte so die Ergebnisse leichter handhaben.

So berechnete Binet den Intelligenzquotienten:

$$\frac{\textbf{Intelligenzalter} \times \textbf{100}}{\textbf{Lebensalter}} = \text{Intelligenzquotient (IQ)}$$

Beispiel: Der IQ eines Zehnjährigen, der die Aufgaben eines durchschnittlichen Elfjährigen lösen kann, berechnet sich folgendermaßen:

Intelligenzalter: 11
Lebensalter: 10

$$\frac{11 \times 100}{10} = 110 \text{ (IQ)}$$

Die Methoden werden präziser

Im Verlauf des 20. Jahrhunderts wurden die Methoden, den Intelligenzquotienten zu berechnen, erheblich weiterentwickelt. Man weiß heute, dass sich die Intelligenz aus vielen verschiedenen Einzelfähigkeiten zusammensetzt, und versucht, dem in den IQ-Tests Rechnung zu tragen.

Einzelfähigkeiten werden ansatzweise ausbalanciert

Die Ergebnisse von Probanden etwa gleicher Intelligenz unterscheiden sich sehr stark, je nachdem, ob Aufgaben zur verbalen, rechnerischen oder optischen Intelligenz gestellt werden. Man versucht daher, die Einzelaspekte von Intelligenz in den Tests auszubalancieren, soweit dies möglich ist. Man ist sich inzwischen aber auch der Tatsache bewusst, dass es viele Einzelaspekte von Intelligenz gibt, die sich bisher überhaupt nicht testen lassen.

Tests in mehreren Bereichen

Der Gruppenvergleich gilt heute als Maßstab

Heute wird auch nicht mehr der Quotient aus Intelligenz- und Lebensalter ermittelt. Der Begriff »Intelligenzquotient« ist also streng genommen nicht mehr ganz richtig, da heute die Leistung eines Prüflings mittels statistischer Methoden mit den Durchschnittswerten vergleichbarer Gruppen in Relation gesetzt wird.

Mit den Aufgaben, die für die Ermittlung des IQ gestellt werden, versucht man des Weiteren ein möglichst breites Spektrum von Fähigkeiten zu testen. Es kommt dabei auf folgende Fähigkeiten an:

- rasche Kombination
- intuitives Erfassen
- Konzentrationsfähigkeit
- Gedächtnisleistung
- logisches Denken
- Kombinationsfähigkeit

Auch die Geschwindigkeit bei einem Test wird gemessen

Bei vielen Aufgaben wird eine Zeitbegrenzung angewendet, wodurch die Belastbarkeit des Prüflings durch Stress als weitere Komponente in den Test einbezogen wird. Bei vielen Aufgaben wird sogar die Anzahl der Lösungen in einer bestimmten Zeit als Maßstab vorgegeben. In diesen Fällen ist die Bearbeitungsgeschwindigkeit ausschlaggebend.

Was die IQ-Werte besagen

Da sich die Intelligenzleistung in der Jugend entwickelt und mit zunehmendem Alter abnimmt, muss bei der Berechnung des IQ auch das Alter des Probanden berücksichtigt werden. Verglichen mit einem 17-Jährigen hat ein Vierjähriger im Durchschnitt 50 Prozent, ein Achtjähriger aber schon 80 Prozent der Intelligenz.

Der IQ sinkt nicht automatisch ab 26

Bei der Berechnung des Intelligenzquotienten wird deshalb das Alter mit eingerechnet. Diese Berechnung birgt jedoch einen Unsicherheitsfaktor. Sie geht davon aus, dass die Intelligenz mit 26 Jahren ihren Höhepunkt erreicht und dann langsam absinkt. Dies ist jedoch nur dann zutreffend, wenn ein bestimmter Typ von IQ-Tests angewendet wird. Testet man dagegen Allgemeinwissen, Sprachverständnis, Wortschatz und Erfahrungswissen, so steigt der IQ mit zunehmendem Alter weiter an.

Ein weiterer wichtiger Faktor bei IQ-Tests ist die Zeitvorgabe: Ältere Menschen denken langsamer, schneiden daher bei

Zeitdruck in IQ-Tests schlechter ab als jüngere. Andererseits entscheiden ältere Prüflinge sorgfältiger und exakter als jüngere, sie schneiden daher bei Tests ohne Zeitdruck besser ab als die Jungen.

Laut Definition hat der Durchschnitt der Bevölkerung einen IQ von 100. Der prozentuale Anteil der Bevölkerung an der jeweiligen Intelligenzbewertung verteilt sich dabei, wie die folgende Tabelle zeigt:

Überblick: durchschnittliche IQ-Werte

IQ	Bewertung der Bevölkerung	Prozentanteil
155 bis 147,5	extrem hoch	0,50 %
145 bis 132,5	sehr hoch	4,38 %
130 bis 117,5	hoch	12,25 %
115 bis 102,5	überdurchschnittlich	33,50 %
100	Durchschnitt	
97,5 bis 87,5	unterdurchschnittlich	33,00 %
85 bis 72,5	gering	12,87 %
70 bis 57,5	sehr gering	3,00 %
55 bis 50	extrem gering	0,50 %

»90« IST NICHT GLEICH DUMM

IQ-Werte sind immer dann recht problematisch, wenn sie für eine negative Einschätzung der Intelligenz eines bestimmten Menschen herhalten müssen. Ein schlechtes Ergebnis in einem IQ-Test kann jedoch durchaus sehr viele verschiedene Ursachen haben. Und selbst wenn eine Reihe verschiedener IQ-Tests zu verschiedenen Zeiten und Bedingungen stets zu niedrigen IQ-Werten führt, so kann sowohl die Intelligenz als auch das Abschneiden bei IQ-Tests trainiert werden.

Ungleiche Voraussetzungen beeinflussen die Tests

Wo der Haken bei den Tests liegt

- Tests zur sprachlichen Intelligenz sind ein fester Bestandteil von IQ-Tests. Wie der Einzelne dabei abschneidet, das hängt nur zu einem Teil von seiner tatsächlichen sprachlichen Intelligenz ab, da dies auch zu einem großen Teil Übungssache ist.
- Sprachgefühl, das rasche Erfassen von Wortsinn, logischen Bezügen und sprachlichen Feinheiten, wird besonders trainiert in Berufen, die intensiv mit der Sprache umgehen. Journalisten, Autoren oder Werbetexter schneiden logischerweise in diesem Teil von IQ-Tests wesentlich besser ab als Angehörige anderer Berufsgruppen, für die der Umgang mit der Sprache nicht zum täglichen Handwerkszeug gehört.
- Stellen Sie sich einmal einen extremen Fall vor: Sie würden einen IQ-Test in einer Fremdsprache machen müssen, z. B. bei einer Stellenbewerbung in den USA. Ihr Ergebnis würde direkt davon abhängen, wie sehr Sie diese Sprache trainiert und zu Ihrem Handwerkszeug für den Alltag gemacht haben.
- Aber sicherlich würden Sie auf keinen Fall in dieser Fremdsprache so gut abschneiden wie bei Tests in Ihrer Muttersprache. Wäre deshalb Ihre sprachliche Intelligenz tatsächlich geringer? Sicher nicht.

Der IQ kann verdoppelt werden

Der Wissenschaftler Schmidt führte 1946 in den Vereinigten Staaten eine Untersuchung an Kindern mit extrem niedrigem IQ durch. Der Durchschnitt der 254 Jungen und Mädchen im Alter von zwölf bis 14 Jahren lag bei 52. Nachdem diese Kinder ein dreijähriges Förderprogramm absolviert hatten, war ihr IQ auf den Durchschnitt von 92 gestiegen – fast eine Verdoppelung.

Viele ähnliche Beispiele, auch aus speziellen Bereichen wie etwa der technischen oder der sprachlichen Intelligenz, zeigen, dass sich die Leistung des Gehirns wie ein Muskel trainieren lässt. Wenn sich die Intelligenz eines Menschen aufgrund negativer Erbanlagen und mangelnder Förderung in der Kindheit schlecht entwickelt hat, so lässt sich vieles durchaus nachholen.

Das Gehirn lässt sich trainieren wie ein Muskel

Da der IQ-Wert auch bei erbgleichen Zwillingen sehr unterschiedlich sein kann – in Einzelfällen wurden Unterschiede von über 20 IQ-Punkten ermittelt – und in diesen Fällen die Erbanlagen die gleichen sind, müssen diese großen Differenzen einzig auf die Förderung der Intelligenz des jeweiligen Kindes zurückgeführt werden.

Dumme Definitionen von »dumm«

Wer einen IQ von 90 bei sich ermittelt hat, ist deshalb noch keineswegs dumm. Sollte der Wert tatsächlich zuverlässig sein – was erst durch eine Reihe verschiedener Tests ermittelt werden kann –, so mag dieses Ergebnis auf einer mangelnden Förderung der latent vorhandenen, wesentlich höheren Intelligenz beruhen.

Erst verschiedene Tests ermöglichen eine Aussage

Was dumm ist, das ist sehr schwer zu definieren:

- Es gibt Insassen von »Irrenanstalten«, die IQ-Werte von 125 und mehr erreichen. Andererseits sind diese Menschen in der Regel nicht fähig, ein Leben ohne Betreuung zu führen.
- Gemäß den Lehrbüchern der Psychologie gelten Menschen mit einem IQ unter 70 als schwachsinnig, unter 25 als Idioten.

- Debile, die laut wissenschaftlicher Definition einen IQ zwischen 50 und 70 haben, können praktische Arbeiten erlernen und unter Aufsicht durchführen.
- Menschen mit einem IQ zwischen 25 und 50 können meist ihre einfachen persönlichen Bedürfnisse selbst wahrnehmen, müssen aber ständig betreut werden. Dass sie deshalb trotzdem ein hohes Maß an Intelligenz haben können, beweisen die genialen Seiten oder lichten Momente, die auch Insassen von »Irrenanstalten« haben.

Begrenzter praktischer Nutzen von IQ-Tests

Was Dummheit wirklich ist, ist schwer fassbar

Bei der Frage, ab welchem IQ ein Mensch als »dumm« gelten muss, kommt man in wissenschaftliche Grenzbereiche. Ist jemand dumm, weil er im Rechnen schlecht ist oder weil er unter einem schizophrenen Realitätsverlust leidet?
Größte Vorsicht ist geboten, wenn IQ-Werte zu negativen Beurteilungen der Intelligenz verwendet werden. Sie sollten nicht vergessen, dass IQ-Tests aus der Neugier der Forscher heraus entstanden sind, um mehr Erkenntnisse über die menschliche Intelligenz zu gewinnen. In der praktischen Anwendung, z. B. bei Einstellungsentscheidungen von Firmen, wird mit IQ-Werten viel Missbrauch getrieben.

Verschiedene Typen des IQ-Tests

Was die einzelnen Testtypen offen legen sollen

Praktische IQ-Tests wählen ganz unterschiedliche Schwerpunkte. Manche Tests legen ein stärkeres Gewicht auf die mathematisch-logische Intelligenz, andere auf die sprachliche, wieder andere auf die optische. Nachfolgend finden Sie eine Skizzierung der gängigsten Intelligenztesttypen. Später können Sie dann selbst einen großen IQ-Test machen.

Tests zur sprachlichen Intelligenz

Tests zur sprachlichen Intelligenz sind ein unverzichtbarer Bestandteil von IQ-Tests. Bei dieser Art von Tests müssen Sie beispielsweise Wörter ergänzen, d. h. Lücken in Sätzen logisch füllen. Bei anderen Aufgaben werden Sie aufgefordert, bestehenden Wortreihen weitere Wörter logisch zuzuordnen, Gegensatzpaare zu sortieren oder logische Beziehungen zwischen Wörtern zu erkennen und diese in andere Bereiche zu übertragen. Häufig kommt es auch darauf an, die Bedeutung von Sätzen zu erfassen. Eine ganze Reihe verschiedener geistiger Fähigkeiten wird anhand des Umgangs mit der Sprache getestet:

- So müssen Sie z. B. versuchen, sich Begriffe zu merken. Auf diese Weise soll das Gedächtnis getestet werden.
- Einfallsreichtum ist ebenfalls gefragt: Bei Aufgaben zum Wortschatz sollen Sie zeigen, wie rasch Sie den Sinn erfassen und synonyme oder entgegengesetzte Begriffe parat haben.
- Eine umfangreiche Menge an Informationen soll in möglichst kurzer Zeit verarbeitet werden, Ihre Verarbeitungskapazität also auf diese Weise getestet werden.

Merkfähigkeit, Ideenreichtum und Sprachgefühl

Nicht zuletzt die Verarbeitungsgeschwindigkeit spielt eine wichtige Rolle bei Tests zur sprachlichen Intelligenz. Rasches Erfassen von Bedeutungen, Merkfähigkeit, Ideenreichtum und sprachliche Gewandtheit sind zentrale Fähigkeiten bei dieser Form von Tests.

Tests zur rechnerischen Intelligenz

Tests zur rechnerischen Intelligenz sind ebenfalls zentraler Teil eines jeden IQ-Tests. Sie werden auch manchmal als Tests zur mathematisch-logischen Intelligenz bezeichnet. Natürlich geht es dabei um Kopfrechnen. Häufig bekommen Sie Rechenaufgaben und Zahlenreihen vorgelegt und sollen die Ergebnisse finden. Da diese Aufgaben in der Regel so einfach sind, dass bei genügend Zeit und Konzentration jeder die richtigen Lösungen findet, bringt man die Zeit ins Spiel. Meist müssen daher solche Aufgaben unter erheblichem Zeitdruck gelöst werden. Darüber hinaus gibt es noch:

- **Vertrackte Reihenbildungen**
  Sehr viel schwieriger sind die Aufgaben, bei denen Sie Rechengesetze aus angebotenen Zahlenpaaren oder Zah-

lenreihen ableiten müssen. Die Frage ist also, in welcher Beziehung stehen diese Zahlen zueinander: Sind sie alle mit dem gleichen Faktor multipliziert worden, oder lagen Additionen oder Subtraktionen vor, oder wurden womöglich gleich mehrere Rechenoperationen zu einem Muster kombiniert?

- **Textaufgaben und Dreisatz**

  Textaufgaben kennen Sie sicher noch aus der Schulzeit, aber gleichermaßen aus dem Alltag, denn wir alle müssen täglich Textaufgaben lösen – und sei es auch nur, um den Kilopreis einer Ware im Supermarkt zu ermitteln.

  Bei IQ-Tests sind Textaufgaben besonders beliebt. Sie bieten die Möglichkeit, die eigentliche Frage, die es zu lösen gilt, geschickt inmitten von viel unwesentlichem Drumherum zu verstecken.

  Auffassungsvermögen, Logik, Konzentration, Gedächtnis

  Sie sind beim Lösen von Textaufgaben dann besonders erfolgreich, wenn es Ihnen gelingt, die Fragestellung in eine mathematische Gleichung zu übersetzen.

  Rasches Auffassungsvermögen, logisches Denken und die Fähigkeit, Wichtiges und Unwichtiges zu unterscheiden, werden hier zusätzlich zu den rechnerischen Fähigkeiten getestet.

- **Zahlen merken**

  Als weiterer wichtiger Typ von Aufgaben die rechnerischen Intelligenz betreffend seien noch die Gedächtnisaufgaben genannt.

  Bei diesen müssen Sie versuchen, möglichst viele Zahlen im Gedächtnis zu behalten. Auch dies kann man trainieren (siehe Seite 107 ff.).

- **Ruhe und Gelassenheit**

  Mit den Tests zur rechnerischen Intelligenz werden auch in starkem Maß Konzentrationsfähigkeit und Belastbarkeit getestet.

  Trotz hoher Bearbeitungsgeschwindigkeit und zusätzlichem Prüfungsstress voll konzentriert zu sein, kreativ zu bleiben und eine gute Gedächtnisleistung zu bringen fällt nicht immer leicht.

Tipp: Es ist für den Erfolg solch einer Prüfung wichtig, sich nicht von Einzelaufgaben, die man nicht sofort versteht, aus dem Konzept und der Ruhe bringen zu lassen. Der bessere Weg ist meist, solche Aufgaben zu überspringen und nur dann auf sie zurückzukommen, wenn am Ende des Testkapitels noch Zeit übrig ist.

Wie bei den Tests zur sprachlichen fallen auch Testaufgaben zur rechnerischen Intelligenz manchen Menschen besonders leicht oder schwer. Wieder handelt es sich um einen Ausschnitt aus der Gesamtintelligenz, die man versucht zu testen. Wer rechnerisch begabt ist oder beruflich viel mit Zahlen und Rechenoperationen umgeht, schneidet bei diesen Aufgaben besonders gut ab.

Tests zur optischen Intelligenz

Bei diesen Aufgaben stehen visuelle Fähigkeiten und räumliches Vorstellungsvermögen im Vordergrund.

- **Figurentest**
  Bei Figurentests müssen Sie fehlende Figuren in einer vorgegebenen Reihe ergänzen. Dazu ist es nötig, die Gesetzmäßigkeit zu erkennen, nach der diese Figuren angeordnet wurden. Hier ist viel Logik mit im Spiel, um hinter den »Bauplan« einer Aufgabe zu kommen.

Visuelle Fähigkeiten und Vorstellungsvermögen

- **Symboltests**
  Bei Symboltests müssen Sie ebenfalls rasch versuchen, visuelle Muster zu erfassen. Aufgabe ist es meist, zu erkennen, in welchen Fällen ein Symbol nur gedreht und in welchen Fällen es gespiegelt wurde. Bei einer anderen Form bekommen Sie Vorlagen vorgelegt, die sich nur geringfügig unterscheiden. Ähnlich wie bei Rätseln in Illustrierten müssen Sie Original und Fälschung herausfinden, allerdings unter Zeitdruck.
- **Würfeltests**
  Tests mit Würfeln sind sehr beliebt, da sie es ermöglichen, in verschiedenen Varianten das räumliche Vorstellungs-

vermögen zu testen. Meist werden Würfel aus verschiedenen Richtungen gezeigt, und Sie müssen die Augenzahl oder ein Muster auf den gerade nicht sichtbaren Würfelflächen herausfinden.

- **Tests mit Stadtplänen oder Landkarten**
  Das Orientierungsvermögen und die Gedächtnisleistung werden mit Stadtplänen oder Landkarten getestet. Bei diesem Typ von Aufgaben müssen Sie sich in einer unbekannten Stadt mit dem Stadtplan zurechtfinden. Häufig müssen Sie einen einmal gefundenen Weg im Gedächtnis behalten.
- **Tests mit räumlichen Mustern**
  Schnittmuster, Falt- und andere Aufgaben werden benutzt, um das räumliche Vorstellungsvermögen und die Fähigkeit, Objekte im Kopf zusammenzusetzen, auf die Probe zu stellen.

Gedächtnis, Einfallsreichtum und Belastbarkeit

Tests zur optischen Intelligenz erfassen ein breites Spektrum von Fähigkeiten: Gedächtnisleistung, Einfallsreichtum und Belastbarkeit des Prüflings durch Zeitdruck. Das macht sie zu einem wichtigen Instrument innerhalb der IQ-Tests. Wieder ist es so, dass das räumliche Vorstellungvermögen und die Fähigkeit, visuelle Strukturen zu erfassen, anlagebedingt, aber auch stark von der Förderung dieser Fähigkeiten abhängig sind.

Tests zur praktischen Intelligenz

Die praktische oder Handlungsintelligenz versucht man heutzutage mit einer Reihe verschiedener Testaufgaben gezielt zu erfassen.

- **Labyrinthtests**
  Bei solchen Aufgaben müssen Sie mit einem Stift ein Labyrinth durchfahren, sollen sich dabei aber weder »verirren«, also umkehren müssen, weil ein eingeschlagener Weg nicht mehr weiterführt, noch anhalten. Beides führt zu Punkteabzug. Die Schwierigkeit ist, gleichzeitig vorausschauend nach dem Weg durch das Labyrinth zu suchen

und die motorische Bewegung der Hand, die den Stift führt, zu koordinieren.

- **Tests für die Motorik**
  Bei anderen Tests zur praktischen Intelligenz geht es manchmal ebenfalls um motorische Koordination, etwa der Finger, Hände oder des ganzen Körpers.
- **Drahtfiguren**
  Handwerkliche Geschicklichkeit, Motorik und Einschätzung von Dimensionen werdem beim Biegen von Drahtfiguren getestet. Bei diesen Aufgaben kommt es darauf an, vorgegebene Formen möglichst genau mit Draht nachzubilden – natürlich unter Zeitdruck.
- **Test mit geometrischen Figuren**
  Auch die Anordnung geometrischer Figuren, deren Ergänzung zu anderen Formen und ähnliche Aufgaben, die an Schnittmuster erinnern, werden zur Einschätzung der praktischen Intelligenz herangezogen.

Vorstellungskraft und Koordinationsvermögen

Bei allen Aufgaben zur praktischen Intelligenz geht es um zweierlei: Die Hände – oder ein anderer Körperteil – müssen eine Geschicklichkeitsprüfung absolvieren, und das Gehirn muss gleichzeitig überprüfen, vergleichen und kombinieren. Gutes optisches Vorstellungsvermögen und Beobachtungsschärfe helfen bei diesen Tests.

Vielfältige Kombinationen bei den Tests

Intelligenztests sind nicht standardisiert. Deshalb kommen bei vielen Tests weitere Aufgaben hinzu, die bestimmte Aspekte der Intelligenz erfassen sollen. Variabel sind auch die Anteile der einzelnen Typen von Fragen innerhalb der Tests. Stets unterschiedlich ist daher die Gewichtung von sprachlicher, rechnerischer, optischer und anderer Formen der Intelligenz innerhalb eines Tests. Weiterhin variieren der Schwierigkeitsgrad der Aufgaben und die Zeitvorgabe.

Jeder Test ist anders gewichtet

In diesem Buch finden Sie ab Seite 104 die zentralen Elemente aller IQ-Tests, also jene Aufgaben, mit denen Sie mit hoher Wahrscheinlichkeit konfrontiert werden.

Die grosse IQ-Tabelle

14–16 Jahre Punkte	17–21 Jahre Punkte	22–30 Jahre Punkte	> 30 Jahre Punkte	IQ	Einordnung	Anteil in der Bevölkerung
158–164	159–164	160–164	160–164	**155**		
152–157	153–158	154–159	155–159	**152,5**	extrem hoch	0,50 %
145–151	148–152	151–153	150–154	**150**		
138–144	143–147	148–150	146–149	**147,5**		
135–137	140–142	146–147	143–145	**145**		
132–134	138–139	142–145	140–142	**142,5**		
129–131	136–137	139–141	137–139	**140**	sehr hoch	4,38 %
126–128	134–135	137–138	135–136	**137,5**		
123–125	132–133	134–136	132–134	**135**		
120–122	129–131	131–133	129–131	**132,5**		
119	128	130	128	**130**		
117–118	126–127	129	127	**127,5**		
115–116	124–125	128	126	**125**	hoch	12,25 %
113–114	123	127	125	**122,5**		
111–112	121–122	126	124	**120**		
109–110	119–120	124–125	122–123	**117,5**		
103–108	115–118	123	121	**115**		
97–102	112–114	121–122	119–120	**112,5**		
92–96	109–111	119–120	117–118	**110**	über-durch-schnittlich	33,50 %
87–91	106–108	117–118	115–116	**107,5**		
81–86	103–105	115–116	113–114	**105**		
76–80	99–102	113–114	111–112	**102,5**		
70–75	95–98	107–112	107–110	**100**	**Durchschnitt**	
65–69	92–94	104–106	103–106	**97,5**		
59–64	89–91	101–103	99–102	**95**		
53–58	86–88	98–100	95–98	**92,5**	unter-durch-schnittlich	33,00 %
48–52	83–85	95–97	91–94	**90**		
43–47	80–82	92–94	87–90	**87,5**		